✦ 글 민병권

서울대학교 지리교육과를 졸업하고, 대학원 과정을 수료했습니다. 대학교 졸업 후 2006년부터 고등학교에서 지리 교사로 세계지리, 한국지리, 경제지리, 여행지리를 가르치고 있습니다. 그리고 2010년부터 EBS에서 수능 세계지리를 강의하고 있습니다. 세계 여러 지역에 관심이 많아 세계 여러 나라를 여행했고, 학생들에게 세계 여러 지역에 대한 다양한 생활 모습을 재미있게 알려 주는 것을 기쁨으로 생각합니다.
서울대학교에서 중어중문학과를 부전공했고, 현재는 한국교원대학교 대학원 중국어교육과에서 석사 과정을 공부하면서 중국 지역 연구에 많은 관심을 가지고 있습니다.
〈조선일보〉에 세계 여러 나라와 도시를 소개해 주는 『아하! 이 장소』 칼럼을 연재했으며, 쓴 책으로는 『5분 사탐 세계지리』, 『EBS 지식 탐험, 링크』, 『EBS 수능개념 세계지리』가 있습니다.

✦ 그림 유영근

캐릭터 애니메이션 제작 업체 'TRTB Pictures'에서 기업 광고와 교육용 콘텐츠를 제작했습니다. 현재는 프리랜서 일러스트레이터이자 아빠로 활동 중입니다. 그린 책으로는 『아빠는 네 살』, 『아빠는 다섯 살』 등이 있습니다.
인스타그램: @jhiro2

들어가는 말

　여러분은 혹시 『80일간의 세계일주』라는 책을 읽어 본 적 있나요? 프랑스의 소설가 '쥘 베른'이 1873년에 발표한 모험 소설이지요. 영국의 돈 많은 신사가 80일 동안 배와 기차 등을 이용해 영국, 인도, 홍콩, 일본, 미국을 거쳐 영국으로 다시 돌아온다는 이야기예요. 소설 속 주인공은 규칙적이고 계획적인 사람인데요. 그는 세계 여러 나라를 여행하면서 예상하지 못한 많은 일들을 겪게 됩니다. 하지만 여행을 통해 많은 것들을 깨닫고 생각의 폭도 넓어졌다고 해요.

"아는 만큼 보인다."

　여행하는 데 딱 들어맞는 말이지요. 만약 우리가 여행을 왔는데 그 나라에 대해 아무것도 모른다면 어떨까요? 당장 눈에 보이는 것 말고는 그 나라에 대해 충분히 이해하고 느끼기 어려워요. 하지만 세계 여러 나라와 지역에 대해 조금이나마 알고 난 뒤, 그 나라와 지역 중 한 군데로 여행을 떠난다면 어떨까요? 배운 지식 중 어느 작은 것 하나라도 그 의미를 쉽게 떠올릴 수 있겠지요. 그리고 여행이 훨씬 더 의미 있고 풍성해질 수 있어요.

　전 세계에는 우리나라 말고도 수많은 나라들이 있어요. 지금부터 선생님이 하루 한 번, 40일 동안 세계 여러 나라와 지역을 소개하려고 해요. 한 권으로 가볍게 읽으면서 떠나는 '40일간의 세계일주'인 셈이지요. 우리가 살고 있는 아시아 대륙부터 유럽, 아메리카를 지나 아프리카와 오세아니아, 남극까지 지구를 크게 한 바퀴 돌아 여행을 떠날 거예요.

"자, 오늘의 세계 여행 출발!"

민병권

등장인물 ○○○○○○○○○○○○○○○○○○

유리

초등학교 3학년 여자아이.
무뚝뚝한 표정 속에 가려져 있지만 속이 깊고 다정하다.
호기심이 많아 아빠와 반려묘인 야옹이와 함께
이곳저곳 다니는 것을 좋아한다.

아빠

유리의 아빠.
평소 엉뚱하고 장난기가 많지만 유리가 궁금해하는
것들을 척척 알려 준다. 유리와 반려묘인 야옹이와
함께 먹는 것에 진심인 편이다.

야옹이

유리네 반려묘.
과거 길고양이였지만
현재 유리네 하나뿐인 고양이로 살고 있다.
인간의 말을 알아듣고, 남몰래 말도 하는 고양이다.

차례

들어가는 말 • 4
등장인물 • 5

1부 아시아

- 1일 우리나라와 가장 가까운 나라, 일본 • 10
- 2일 다양한 민족들이 함께 살아가는 나라, 중국 • 12
- 3일 초원과 유목의 나라, 몽골 • 14
- 4일 불교의 나라, 태국 • 16
- 5일 동남아시아의 중심에 위치한 나라, 싱가포르 • 18
- 6일 수많은 신의 나라, 인도 • 20
- 7일 세계에서 가장 높은 봉우리를 가진 나라, 네팔 • 22
- 8일 이슬람교 신자들의 성지, 사우디아라비아 • 24
- 9일 7개 부족 국가의 연합, 아랍에미리트 • 26
- 10일 아시아와 유럽을 연결하는 나라, 터키 • 28

1부 아시아 활동지 • 30

2부 유럽

- 11일 얼음과 불의 땅, 아이슬란드 • 34
- 12일 4개 지역이 연합하여 만들어진 나라, 영국 • 36
- 13일 아름다운 건축물이 많은 나라, 프랑스 • 38
- 14일 바닷물 높이보다 낮은 땅, 네덜란드 • 40
- 15일 동독과 서독이 통일된 나라, 독일 • 42
- 16일 4개의 언어가 사용되는 나라, 스위스 • 44
- 17일 삼면이 바다로 둘러싸인 나라, 이탈리아 • 46
- 18일 다양한 문화가 존재하는 나라, 에스파냐 • 48
- 19일 푸른 지중해와 신화의 나라, 그리스 • 50
- 20일 세계에서 가장 큰 나라, 러시아 • 52

2부 유럽 활동지 • 54

3부 아메리카

- 21일 다양한 문화가 숨 쉬는 나라, **캐나다** • 58
- 22일 이민자들이 세운 땅, **미국 동부** • 60
- 23일 다양한 모습을 가진 땅, **미국 서부** • 62
- 24일 얼음의 땅, **미국 알래스카** • 64
- 25일 원주민과 에스파냐 문화의 나라, **멕시코** • 66
- 26일 적도가 지나는 나라, **에콰도르** • 68
- 27일 잉카 문명을 꽃피운 나라, **페루** • 70
- 28일 가장 길쭉하게 생긴 나라, **칠레** • 72
- 29일 '남미의 프랑스'로 불렸던 나라, **아르헨티나** • 74
- 30일 삼바의 나라, **브라질** • 76

3부 아메리카 활동지 • 78

4부 아프리카와 오세아니아

- 31일 피라미드와 스핑크스의 나라, **이집트** • 82
- 32일 커피의 고향, **에티오피아** • 84
- 33일 야생 동물의 천국, **케냐와 탄자니아** • 86
- 34일 카카오의 나라, **코트디부아르와 가나** • 88
- 35일 아프리카에서 인구가 가장 많은 나라, **나이지리아** • 90
- 36일 아프리카의 남쪽 끝에 위치한 나라, **남아프리카공화국** • 92
- 37일 가장 작은 대륙, **오스트레일리아** • 94
- 38일 북섬엔 화산, 남섬엔 빙하가 있는 나라, **뉴질랜드** • 96
- 39일 천국 같은 경치를 가진 화산섬, **미국 하와이** • 98
- 40일 얼음의 땅, **남극** • 100

4부 아프리카와 오세아니아 활동지 • 102

찾아보기 • 104

활동지 정답 • 106

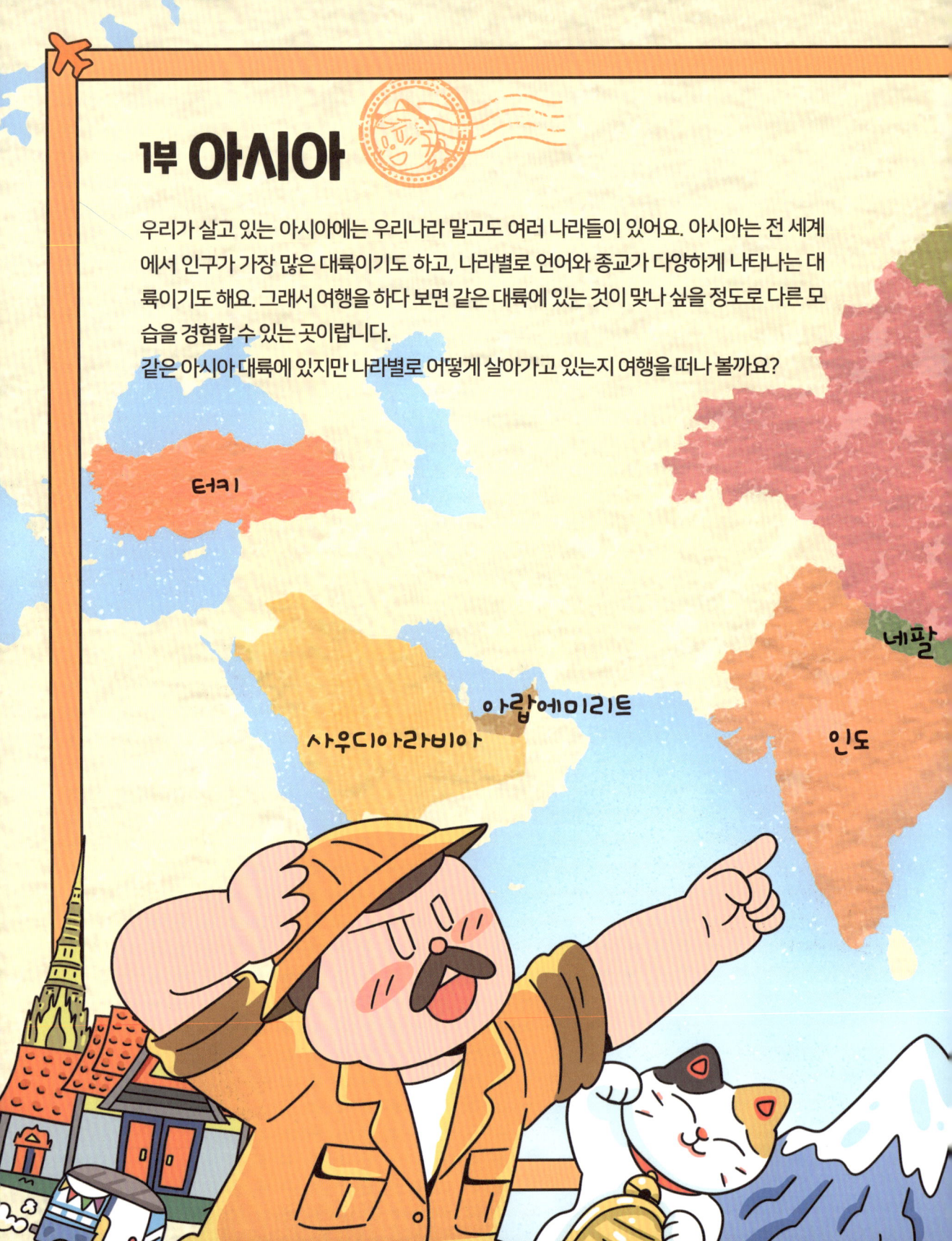

1부 아시아

우리가 살고 있는 아시아에는 우리나라 말고도 여러 나라들이 있어요. 아시아는 전 세계에서 인구가 가장 많은 대륙이기도 하고, 나라별로 언어와 종교가 다양하게 나타나는 대륙이기도 해요. 그래서 여행을 하다 보면 같은 대륙에 있는 것이 맞나 싶을 정도로 다른 모습을 경험할 수 있는 곳이랍니다.

같은 아시아 대륙에 있지만 나라별로 어떻게 살아가고 있는지 여행을 떠나 볼까요?

우리나라와 가장 가까운 나라, 일본

인구 1억 2,600만 명(2020년)
언어 일본어   주요 종교 신도, 불교

오늘은 가깝고도 멀게 느껴지는 나라, 일본으로 여행을 떠나 볼까?

우리나라와 가장 가까운 위치에 있어 쉽게 갈 수 있는 일본이지만, 오랜 역사적 갈등으로 멀게 느껴지기도 해요.

일본은 네 개의 큰 섬(홋카이도, 혼슈, 시코쿠, 규슈)과 여러 작은 섬들로 이루어진 섬나라예요. 일본에서 가장 큰 섬인 혼슈는 세계에서 일곱 번째로 커요.

여행 중에 음식을 빼놓을 수 없어요! '일본' 하면 초밥 아닐까요?

초밥은 조그맣게 뭉친 흰밥 위에 생선회와 해산물을 얹은 것으로, 일본을 대표하는 음식 중 하나예요. 일본은 우리나라처럼 쌀밥을 주로 먹는 데다가 바다로 둘러싸여 있어 생선을 구하기 쉬운 편이지요. 그래서 생선을 이용해 회나 초밥으로 먹는 음식 문화가 발달할 수 있었어요. 유럽, 북아메리카의 사람들의 입맛에도 초밥이 잘 맞아서 아시아 음식 중 세계화된 대표 음식으로도 꼽히고 있어요.

삿포로 눈 축제
홋카이도는 일본에서 가장 북쪽에 위치해 겨울이면 눈이 많이 내려요. 매년 내리는 눈의 양이 6미터 정도니까 어린이 키의 약 네 배 정도인 셈이지요. 그래서 매년 2월에 홋카이도의 중심 도시인 삿포로에서 눈 축제가 열려요. 가득 쌓인 눈을 모아 조각품을 만들어 전시하는 것이지요. 해마다 멋진 눈 조각품을 보러 세계의 여러 나라 사람들이 찾는답니다.

도쿄 타워, 도쿄 스카이 트리
일본의 수도는 혼슈의 남동부에 자리한 도쿄예요. 도쿄의 인구는 약 1,400만 명으로, 서울의 약 970만 명보다 훨씬 많고, 도쿄 인근 지역까지 합하면 3,600만 명을 넘을 정도이지요. 도쿄에는 '도쿄 타워'와 '도쿄 스카이 트리'가 있어요. 이 둘은 모두 방송사에서 전파 신호를 보내기 위한 전파 탑이에요. 그런데 높이 333미터인 도쿄 타워가 1958년에 만들어진 이후로 점점 높은 건물들도 많이 들어서는 바람에 전파가 제대로 전달되지 못했어요. 그래서 2012년에 높이 634미터인 도쿄 스카이 트리를 만들게 되었어요. 당시 세계에서 두 번째로 높은 건축물이었지요.

> 일본에서는 화산 활동이 많이 일어나기 때문에 우리나라에서는 보기 어려운 화산을 곳곳에서 찾아볼 수 있다냥!

아소산
우리나라와 가까운 규슈에는 화산인 '아소산'이 있어요. 화산 활동이 잠잠할 때는 분화구도 직접 둘러볼 수 있지요. 화산 활동이 활발한 일본에서는 땅속의 뜨거운 물을 뽑아 올려 온천을 즐기는 편이에요.

다양한 민족들이 함께 살아가는 나라, 중국

인구 14억 3,900만 명(2020년)
언어 중국어   주요 종교 불교, 유교, 도교

2월

오늘은 전 세계에서 가장 많은 사람들이 살아가는 중국으로 여행을 떠나 볼까?

중국은 러시아, 캐나다, 미국 다음으로 세계에서 네 번째로 큰 나라예요. 그리고 14억 명이 넘는 사람들이 사는 나라로, 세계에서 가장 많은 인구수를 자랑하지요. 베이징, 상하이와 같은 주요 도시는 인천공항에서 비행기로 2시간 만에 갈 수 있고, 우리나라와 가장 가까운 산둥성은 약 1시간 만에 도착할 수 있을 정도로 가까워요.

중국인의 92퍼센트는 한족이고, 나머지 8퍼센트는 55개의 소수민족으로 구성되어 있어요. 소수민족들은 사는 곳에 따라 생김새와 생활 방식 모두 조금씩 달라요. 서부 내륙의 신장웨이우얼(신장위구르) 자치구에는 이슬람교를 믿는 위구르족이 살고 있고, 네이멍구(내몽고) 자치구에는 몽골족이 살고 있어요. 한국어를 사용하고, 한국 문화를 간직하고 있는 조선족들은 옌지(연길)를 중심으로 여러 지역에서 살아가고 있답니다.

📍 베이징의 자금성, 만리장성

중국의 수도는 베이징이에요. 베이징에 있는 자금성은 명나라와 청나라 시대의 궁궐로, 세계에서 가장 큰 궁궐이지요. 방이 무려 8,700칸이 넘게 있다고 해요. 베이징에서 북쪽으로 이동하면 동서로 길게 뻗어 있는 만리장성을 만날 수 있어요. 만리장성은 북방 민족의 침입을 막기 위해 오랜 시간에 걸쳐 만든 건축물인데요. 총 길이는 약 6,700킬로미터 정도예요.

📍 상하이 푸둥의 상하이 타워, 동방명주 타워

베이징이 정치와 문화가 발달한 도시라면, 상하이는 경제와 금융이 발달한 도시예요. 상하이에는 '푸둥'이라는 높은 건물이 많은 지역이 있는데요. 이곳이 바로 중국 경제와 금융의 중심지랍니다. 이 중 뒤틀린 모습을 한 상하이 타워는 632미터로, 빌딩 중에서는 세계에서 두 번째로 높다고 해요.

둥근 구슬과 기둥이 합쳐진 모양의 동방명주 타워는 468미터로, 푸둥의 다른 높은 건물들보다 낮긴 하지만 독특한 모습과 아름다운 조명으로 상하이의 상징이 되었어요.

📍 마카오의 성바울 성당 유적지

중국 남부에는 옛날에 영국의 지배를 받았던 홍콩과 포르투갈의 지배를 받았던 마카오가 있어요. 홍콩은 1997년, 마카오는 1999년에 지배에서 벗어나 다시 중국으로 돌아왔지요. 홍콩은 높은 빌딩이 많고, 밤의 풍경이 아름다워 많은 사람들이 찾는 세계적인 도시랍니다. 마카오는 포르투갈식 성당과 건물들이 많이 남아 있어서 마치 유럽에 온 것 같은 느낌이 들지요.

중국은 워낙 크고 다양한 사람들이 여러 지역에서 서로 다른 모습으로 살아가는 나라다냥!

냐쵸~!

초원과 유목의 나라, 몽골

인구 327만 명(2020년)
언어 몽골어   주요 종교 라마교

오늘은 초원에서 말을 타던 칭기즈칸의 나라, 몽골로 여행을 떠나 볼까?

몽골은 우리나라 땅덩어리의 15배 정도에 부산 인구(약 343만 명)보다 적은 327만 명이 사는 나라예요. 비가 적게 내리는 건조 기후로, 짧은 풀이 자라는 초원이 넓게 발달해 있지요. 중국과 가까운 남쪽에는 고비 사막이 나타나는데요. 중국 북쪽 지역에 걸친 고비 사막에서 바람을 타고 날아오는 먼지는 우리나라까지 날아와 황사 현상을 일으켜요.

알타이 산맥

몽골에는 드넓은 초원에서 양이나 염소를 키우며 살아가는 유목민들이 많이 살아가고 있어. 양과 염소 같은 동물들을 데리고 먹이인 풀을 찾아 돌아다니며 키우는 것을 유목이라고 한단다.

그럼 어디서 살아요?

양과 염소를 키우는 사람들도 함께 이동을 하면서 살아야 하니 집은 이동하기 쉽도록 만들어진 '게르'에서 살아.

몽골의 이동식 집: 게르

게르는 나무로 뼈대를 세우고, 동물의 털에 열을 더해서 만든 천을 덮어서 짓는 집이에요. 몇 달 정도 생활하다가 동물들이 풀을 대부분 뜯어 먹고 나면 집을 분해해서 다른 지역으로 가져가 새로 지어요. 몽골은 중국보다도 더 북쪽에 자리하고 있어서 겨울에 상당히 추워요. 그래서 게르의 중앙에는 굴뚝과 함께 난로를 설치한답니다.

울란바토르의 칭기즈칸 기념관

몽골의 수도인 울란바토르는 140만 명 정도가 사는 가장 큰 도시예요. 울란바토르의 공항 이름은 칭기즈칸 국제공항, 몽골 시내의 광장 이름은 칭기즈칸 광장인데요. 칭기즈칸은 몽골 제국을 세운 인물이라서 몽골의 여러 곳에서 칭기즈칸의 이름이 들어간 장소를 찾아볼 수 있답니다.

울란바토르 근처에는 칭기즈칸의 기념관이 있어요. 그곳에는 칭기즈칸이 말을 타고 있는 동상을 볼 수 있는데요. 세계에서 가장 큰 칭기즈칸 동상으로 높이가 40미터 정도라고 해요.

울란바토르의 나담 축제

울란바토르에서는 매년 7월에 몽골 씨름, 말 타기, 활쏘기를 겨루어 우승을 겨루는 나담 축제가 열려요. 이 축제에는 어른인 남자만 참여하는 것이 아니라, 여자와 노인, 어린아이까지 경기에 참여하기 때문에 몽골인 전체의 전통 축제라고 할 수 있지요. 경기는 모두 몽골 전통의 방식으로 진행되니 7월에 몽골을 여행한다면 꼭 둘러보세요.

불교의 나라, 태국

인구 7,000만 명(2020년)
언어 태국어 주요 종교 불교

오늘은 곳곳에서 불교의 숨결을 느낄 수 있는 태국으로 여행을 떠나 볼까?

　인도차이나 반도의 가운데 위치한 태국은 일 년 내내 더운 열대 기후가 나타나요.
　그런데 태국 지도를 살짝 돌려 보면 코끼리 같은 모습이 보이지 않나요? 태국의 남쪽 부분이 가늘고 길어서 코끼리 코처럼 보이기 때문에 코끼리를 닮았다고 해요.

미얀마

> 태국처럼 더운 나라는 재료를 볶아 맛과 향을 살린 음식들이 많아. 대표적으로 카오팟, 팟타이가 있지. 카오팟은 볶음밥이고, 팟타이는 타이식 볶음 쌀국수란다. 카오(Khao)는 쌀, 팟(Pad)은 볶음, 타이(Thai)는 태국을 뜻하는 말이지. 우리가 보통 '태국'으로 많이 부르지만 정식 국가명은 '타이 왕국', 영어로는 Thailand(타일랜드)란다.

우와~!

군대 제비뽑기 모습

📍 송끄란 축제

매년 4월 13~15일에는 태국 최대의 축제인 송끄란 축제가 열려요. 우리나라에도 음력 설날이 따로 있듯이 태국 전통 달력으로 이 무렵이 새해가 되는데요. 이 축제는 새해를 맞아 서로를 축복하는 의미로 서로에게 물을 뿌리며 즐겨요. 원래 부처님을 존경하고 축복하는 의미로 불상에 물을 뿌리는 의식이 있었는데, 이것이 서로에게 물을 뿌리며 축복하는 축제로 발전된 것이지요.

송끄란 축제 모습

📍 방콕의 왓 프라깨우 사원

태국은 국민의 대부분이 불교를 믿기 때문에 곳곳에 절과 불상을 쉽게 볼 수 있어요. 그런데 우리나라에서 볼 수 있는 절의 모습과 꽤 달라요. 태국의 수도인 방콕에 가면 유명한 사원인 '왓 프라깨우'가 있어요. 절과 탑이 황금으로 장식되어 있고, 불상도 녹색 빛이 아름다운 에메랄드로 이루어져 있지요. 화려하고 정교하게 만들어져 있는 절과 불상, 불탑을 볼 수 있는 곳이 바로 태국이랍니다.

왓 프라깨우 사원

태국에서 남자는 스무 살이 되면, 집을 떠나 부처님의 가르침을 배우면서 3개월 정도 스님으로 살아야 해요. 이것을 '부엇낙'이라고 해요. 이 기간에는 돈을 가지고 있을 수도 없고, 먹는 것도 다른 사람들에게 얻어먹어야 해요. 이렇게 어렵게 부처님의 가르침을 실천한 사람만이 진정한 태국의 성인 남자로 인정받을 수 있지요. 태국에는 군대를 가는 방법도 조금 특별한데요. 스물한 살 이상의 남성들을 모아 제비뽑기로 군대에 갈 사람을 정해요. 검은색 종이를 뽑으면 면제를 받고, 전체에서 20퍼센트 정도인 빨간색 종이를 뽑으면 2년 동안 군대에 가야 한대요.

동남아시아의 중심에 위치한 나라, 싱가포르

 인구 585만 명(2020년) 언어 영어, 중국어, 말레이어
주요 종교 불교, 크리스트교, 이슬람교

 5일

말레이시아

오늘은 동남아시아의 발달된 도시 국가인 싱가포르로 여행을 떠나 볼까?

싱가포르는 동남아시아에 위치한 도시 국가이면서 작은 섬나라예요. 우리나라의 서울보다 크고, 부산보다 작은 정도의 크기이지요. 적도 부근에 위치한 싱가포르는 일 년 내내 비가 많이 내리고 더운 열대 기후가 나타나요. 매일 오후만 되면 한두 차례 소나기가 쏟아지는데 이 비를 '스콜'이라고 해요. 스콜은 오후의 무더위를 식혀 주기 때문에 때론 불편해도 반가운 존재랍니다.

싱가포르는 영국의 지배를 오랜 기간 받았기 때문에 싱가포르인들은 대부분 영어를 잘하는 편이란다. 뿐만 아니라 중국어도 잘하지.

우와! 중국어까지요?

중요한 무역 중심지 중 하나였던 싱가포르로 이동한 중국인의 후손들이 싱가포르에 많이 거주하고 있기 때문이지. 이런 사람들은 '화교'라고 부르는데 싱가포르 내에서 75퍼센트 정도로 매우 높은 편이란다!

📍 마리나 베이 샌즈 호텔

싱가포르에는 아주 특이한 건물이 있어요. 그것은 '마리나 베이 샌즈'라는 호텔로, 세 개의 건물 위에 배가 얹어져 있는 모습을 하고 있어요. 특히 호텔의 꼭대기에 있는 '인피니티 풀' 수영장이 여행객에게 매우 유명해요. 이 수영장의 끝으로 가 보면 아래로 바로 떨어질 것 같은 아찔함을 느낄 수 있기 때문이에요.

> 인피니티 풀은 아프리카 잠비아에 있는 빅토리아 폭포의 '데빌스 풀'과 비슷한 것 같구나!

↑ 빅토리아 폭포의 데빌스 풀

조호르

📍

싱가포르는 다른 나라에서 수입해 온 상품을 또 다른 나라와 연결해 다시 수출하면서 이익을 얻는 중계 무역이 발달했어요. 태평양과 인도양을 잇는 중요한 위치이고, 항구와 공항이 발달해 있어서 중계 무역으로 성장할 수 있었어요. 싱가포르는 나라가 곧 세계적인 도시이기 때문에 수많은 은행이나 보험, 증권 회사들이 모여 있는 금융의 중심지예요.

싱가포르

창이 국제공항

마리나 베이 샌즈 호텔

싱가포르 해협

바탐섬

인도네시아

국제도시인 싱가포르로 들어가는 문이라 할 수 있는 '창이 국제공항'은 세계 공항 평가 순위에서 최근 몇 년간 1위를 달리고 있어요. 우리나라의 인천 국제공항은 3위예요. 이 순위는 공항 시설이 얼마나 사용하기 편리한지를 공항 이용자들이 평가한 내용으로 결정된다고 해요.

> 인구가 많지도 않은데 대단한 공항이다냥!

수많은 신의 나라, 인도

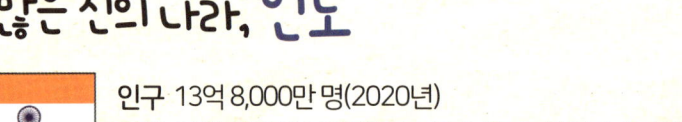

인구 13억 8,000만 명(2020년)
언어 영어, 힌디어, 지역 언어   **주요 종교** 힌두교, 이슬람교

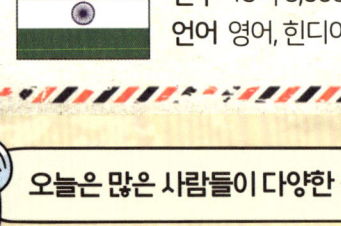

오늘은 많은 사람들이 다양한 신들을 믿으며 살아가는 인도로 떠나 볼까?

세계에서 중국 다음으로 인구가 많은 나라는 인도예요. 인도는 북부 지방을 제외하면 대부분 일 년 내내 더운 열대 기후가 넓게 나타나요. 비가 많이 내리는 우기와 비가 적게 내리는 건기가 뚜렷한 편이라서 비가 많이 내리는 6~9월에 여행을 간다면 우산은 꼭 챙겨야 해요.

인도의 수도는 북부에 위치한 뉴델리예요. 뉴델리는 옛 수도였던 델리의 남쪽에 세워진 신도시이지요. 델리는 역사가 오래된 건축물들이 많은 큰 도시이고, 뉴델리는 1931년에 옛 델리의 바깥쪽에 새롭게 건설된 수도예요. 지금은 뉴델리와 델리가 하나의 큰 도시처럼 연결되어 있답니다. 영국의 지배를 받던 시절 신도시로 건설된 수도이기 때문에, 사방팔방으로 쭉쭉 뻗어 나가는 도로와 유럽식 건물들을 볼 수 있어요.

인도의 인구는 우리나라 인구의 약 27배야!

📍 아그라의 타지마할

뉴델리 남쪽에 위치한 아그라에는 이슬람 건축물인 타지마할이 있어요. 옛날 무굴 제국의 황제였던 샤 자한이 왕비 뭄타즈 마할을 추모하기 위해 만든 궁전 형태의 아름다운 묘지이지요.

뉴델리의 악샤르담 사원

인도인들의 80퍼센트 이상이 힌두교를 믿고 있는데, 힌두교는 신들이 수를 셀 수 없을 정도로 많이 있어요. 그중 잘 알려진 신들은 창조의 신 브라마, 평화의 신 비슈누, 파괴의 신 시바가 있고, 코끼리 머리에 사람의 몸을 가진 가네샤도 있답니다. 뉴델리에는 힌두교 최대의 사원인 악샤르담이 자리 잡고 있어요. 8천 명이 넘는 사람들이 약 6년에 걸쳐서 만든 화려한 조각과 장식을 보면 입이 쩍 벌어질 정도예요.

인도에서는 길에서 소가 지나다니는 모습을 쉽게 볼 수 있어. 그런데 소가 도로 가운데로 지나가더라도 빵빵거리거나 소를 쫓는 모습은 찾아보기 어렵지. 그 이유는 소를 신처럼 생각하기 때문이야. 힌두교를 믿는 사람들은 소고기를 먹지 않아. 이슬람교를 믿는 사람도 꽤 있어서 돼지고기를 먹지 않는 사람도 많지. 그래서 인도에서는 햄버거나 피자 가게에서도 채소만 들어 있거나 닭고기가 들어간 메뉴 중에서 골라야 하는 경우도 많단다.

인도는 TV가 없는 집이 많아 마을 사람들이 함께 모여 영화를 많이 보았어요. 영화가 많이 만들어지다 보니 1년 동안 만들어지는 영화의 수가 1,000편이 넘어 기네스북에도 올랐지요. 인도 영화는 주로 인도 서부의 뭄바이라는 도시에서 만들어집니다. 한때 뭄바이가 영국 지배에 있었을 때는 봄베이라는 지명으로 불렸어요. 그래서 '봄베이(Bombay)'와 영화 제작으로 유명한 미국 '할리우드(Hollywood)'를 합쳐 볼리우드(Bollywood)라는 말이 생겨났고, 인도 영화 산업을 가리킬 때 쓰고 있어요.

세계에서 가장 높은 봉우리를 가진 나라, 네팔

인구 2,900만 명(2020년)
언어 네팔어   주요 종교 힌두교

7일

오늘은 히말라야산맥으로 유명한 나라인 네팔로 떠나 볼까?

네팔은 인도의 북쪽에 위치한 가로로 길쭉한 나라예요. 세계에서 가장 높은 히말라야산맥을 끼고 중국과 맞닿아 있는 나라이기도 하지요. 히말라야산맥의 산자락에 위치하고 있어서 농사를 지을 수 있는 땅이 국토의 16퍼센트 수준으로 적은 데다가 대부분 험한 산지로 이루어져 있어요.

네팔의 기후는 평지에서부터 히말라야산맥의 꼭대기 지역까지 높이가 다양하게 나타나기 때문에 히말라야산맥을 따라 올라가면서 더운 아열대 기후부터 만년설이 나타나는 추운 기후까지 다양해요. 수도인 카트만두는 높이 1,280미터 정도에 자리 잡고 있어서 여름에는 크게 덥지 않고, 겨울에도 심하게 춥지 않기 때문에 많은 사람들이 모여 살고 있어요.

히말라야산맥

네팔

인도

22

에베레스트산

네팔의 북쪽으로 가면, 세계에서 가장 높은 히말라야산맥이 있고, 높이 8,000미터가 넘는 봉우리들을 여러 개 볼 수 있어요. 그중 세계에서 가장 높은 에베레스트산은 8,850미터 정도예요. 인도 쪽의 육지와 중국 쪽의 육지가 부딪혀서 만들어진 산맥이다 보니 해마다 몇 센티미터 계속해서 높아지고 있다고 해요. 아마 10년 정도 지나면 지금보다 더 높아진 에베레스트산을 볼 수 있을 거예요.

산의 높이가 워낙 높아서 해마다 많은 전문 등산가들이 히말라야산맥의 높은 봉우리들을 오르려고 네팔을 찾고 있어요.

 네팔에는 히말라야 등산을 도와주는 '셰르파'라는 사람들이 있어.

셰르파요?

 셰르파는 원래 히말라야산맥 근처 지역에 살고 있던 부족의 이름이지. 주요 봉우리를 오를 때 함께 다니면서 위험한 상황을 알려 주고 안내해 주는 것을 잘 해왔기 때문에 다른 나라에서 온 등산가들은 항상 네팔의 셰르파와 함께 봉우리를 오른단다!

네팔에서는 87퍼센트 정도의 사람들이 힌두교를 믿으며 살아가요. 10퍼센트 정도는 불교를 믿고요. 불교를 창시한 고타마 싯다르타(석가모니)는 원래 옛 네팔 지역에서 태어났어요. 그러다가 인도의 부다가야에서 진정한 깨달음을 얻으면서 불교를 탄생시켰지요. 그래서 네팔인과 인도인은 불교가 어느 나라에서 탄생한 종교인지를 두고 서로 자신들의 종교라고 주장하고 있어요. 하지만 불교가 탄생한 네팔과 인도의 사람들은 대부분 힌두교를 믿고 있기 때문에 이런 모습을 고타마 싯다르타가 보고 있다면 씁쓸한 마음이 들지 않을까요?

이슬람교 신자들의 성지, 사우디아라비아

인구 3,480만 명(2020년)
언어 아랍어   주요 종교 이슬람교

 8일

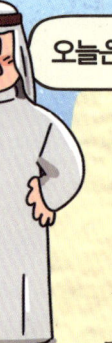

오늘은 이슬람교에서 가장 중요한 도시인 메카가 있는 사우디아라비아로 떠나 볼까?

사우디아라비아는 홍해와 아라비아해 사이에 위치한 국가예요. 사우디아라비아는 일 년 내내 비가 100밀리미터 정도만 내려서, 국토의 대부분이 사막으로 되어 있어요. 만약, 우리가 비행기를 타고 하늘 위에서 사우디아라비아를 내려다본다면 대부분 누런 색깔의 땅덩어리를 보게 될 거예요.

네푸드 사막

 사우디아라비아를 하늘 위에서 내려다보면 원 모양의 농경지를 볼 수 있어.

사막인데 어떻게 농사를 지을 수 있을까요?

메디나

지하수를 끌어올려 원 모양으로 돌아가면서 물을 줄 수 있는 '스프링클러'라는 시설을 이용하면 물이 뿌려지는 원 모양의 공간에서 농사를 지을 수 있단다.

제다

메카

 홍해

알하람 모스크의 카바 신전

이슬람교는 아시아와 아프리카의 여러 나라 사람들이 믿지만 사우디아라비아 사람에게는 더 특별한 의미가 있는 종교예요. 그곳은 바로 이슬람교가 사우디아라비아에 위치하고 있는 '메카'라는 도시에서 탄생했기 때문이에요. 메카에서 태어난 무함마드는 천사를 통해 알라의 가르침을 받고 깨달아 메카 사람들에게 처음으로 전파했다고 알려져 있어요. '메카'는 무함마드가 태어난 곳이기도 하고, 이슬람교가 처음으로 탄생한 곳이기도 해서 이슬람교를 믿는 사람들에게 가장 중요한 성지랍니다.

둥근 지붕과 뾰족한 탑이 여러 개 세워져 있는 이슬람교 사원을 모스크(마스지드)라고 한다냥!

📍 **메카의 알하람 모스크**

메카에는 모스크 중에서도 가장 중요한 알하람 모스크가 자리하고 있어요. 이 모스크에서 검은색 천으로 둘러싸인 카바 신전은 가장 신성한 곳이기 때문에, 이슬람교를 믿는 사람이라면 하루에 다섯 번 이곳을 향해 절하며 예배를 드려야 해요. 우리나라에서는 사우디아라비아가 서쪽 방향이니까, 우리나라에 와 있는 이슬람교를 믿는 사람은 서쪽의 카바 신전 방향으로 절하게 되지요. 뿐만 아니라 이슬람교를 믿는 사람들은 평생 한 번은 메카를 찾아 알하람 모스크와 주변의 성지를 다니는 성지순례를 해야 해요.

사막에 위치해서 먹고 살기 어려울 것 같은 사우디아라비아는 다행히 석유가 많이 묻혀 있어요. 게다가 세계에서 석유 생산량이 꾸준히 1~2위에 들 정도예요. 석유를 다른 나라에 팔아 벌어들인 돈으로 사막에 큰 도시를 세우거나 도로를 만들어요. 심지어 바닷물 속 소금 성분이 없는 물로 바꿔 마시는 물을 얻기도 하지요.

7개 부족 국가의 연합, 아랍에미리트

인구 990만 명(2020년)
언어 아랍어, 영어   주요 종교 이슬람교

오늘은 사막 위에 사람들의 노력으로 세운 도시, 아랍에미리트로 떠나 볼까?

아랍에미리트는 정식 국가 이름인 아랍에미리트연합을 줄여서 부르는 이름이에요. 여러 개의 나라들이 합쳐 하나의 나라를 이루고 있으면 연합이라고 불러요. 아랍에미리트는 7개의 부족 국가인 아부다비, 두바이, 샤르자, 푸자이라, 아즈만, 라스알카이마, 움알콰인이 1971년에 합쳐 만들어진 연합 국가랍니다.

📍 두바이의 부르즈 할리파

아랍에미리트의 수도는 '아부다비'지만 우리에게 더 잘 알려져 있는 도시는 두바이예요. 두바이에는 세계에서 가장 높은 빌딩인 '부르즈 할리파'가 유명해요. 부르즈 할리파는 높이 828미터에 162층으로, 이곳 전망대에 오르면 두바이를 동서남북 모두 아찔한 높이에서 내려다볼 수 있어요.

> 부르즈 할리파 바로 옆에는 인공 호수가 있어서 매일 음악에 맞춰 아름다운 분수쇼가 펼쳐진단다. 미국의 라스베이거스, 스페인의 바르셀로나와 함께 세계 3대 분수쇼라 불리지.

아시아와 유럽을 연결하는 나라, 터키

 인구 8,430만 명(2020년)
언어 터키어 주요 종교 이슬람교

오늘은 유럽과 아시아에 걸쳐 있는 나라, 터키로 떠나 볼까?

터키는 아시아와 유럽, 두 개의 대륙에 걸쳐 있는 나라예요. 국토의 97퍼센트는 아시아 대륙에 속해 있고, 나머지 3퍼센트는 유럽 대륙에 속해 있지요. 유럽과 아시아를 나누는 경계는 흑해와 지중해를 연결하는 좁은 바다인 보스포루스 해협인데요. 터키 최대의 도시 이스탄불이 바로 이 보스포루스 해협의 양옆에 자리하고 있지요. 보스포루스 해협에는 3개의 다리와 1개의 해저 터널이 건설되어 있어 이스탄불 시민들은 하루에도 몇 번씩 유럽과 아시아를 오가면서 생활하고 있답니다.

 터키의 수도는 터키의 중앙에 위치한 '앙카라'야. 하지만 두 배 이상의 더 많은 사람들이 유럽 대륙에 속한 이스탄불에서 살아가고 있어.

왜요?

 이스탄불은 옛날 동로마 제국의 수도였던 시절 콘스탄티노플로 불렸고, 이슬람교를 믿었던 오스만 제국 시절에도 수도 역할을 담당했을 만큼 옛날부터 중요한 도시였단다. 이스탄불에는 동로마 제국이나 오스만 제국 때 건설된 크고 화려한 건축물들이 많아 전 세계 수많은 관광객들을 이스탄불로 불러들이고 있지.

📍 두바이의 팜 주메이라, 세계 섬

두바이에는 '팜 주메이라'라는 신기한 모양의 인공 섬이 있어요. 큰 나무 줄기에 17개의 나뭇가지가 야자수 모양으로 뻗은 모습이고, 바깥에는 초승달 모양의 섬이 야자수 모양의 섬을 감싸고 있지요. 나뭇가지 하나에 수영장과 바다가 딸린 고급 주택들이 자리하고 있는 팜 주메이라는 하늘 위에서 봐야만 전체 모습을 제대로 볼 수 있답니다.

팜 주메이라 근처에는 세계 지도 모양의 인공 섬인 '세계 섬'도 있어요. 각 나라의 이름이 붙여진 섬마다 고급 주택, 리조트, 상점들이 들어서 있고 '대한민국' 섬도 있다고 해요.

아랍에미리트의 아랍어와 영어 안내 표지판

📍

아랍에미리트 전체 인구가 1천만 명도 안 되지만 이 중 대부분이 외국인이에요. 주로 인도, 파키스탄, 방글라데시 등의 나라에서 온 노동자가 많아요. 석유와 천연가스 생산 시설과 건설 현장에는 노동자들이 많이 필요하기 때문이에요. 그래서 주로 20~50대의 남자들이 일하러 오기 때문에 남성의 수가 여성보다 2~3배 정도 더 많아요.

두바이 국제공항은 세계에서 국제 항공 승객 수가 가장 많아요. 이는 아랍에미리트의 지리적 위치 덕분이에요. 유럽, 아프리카, 아시아 대륙의 중간에 위치해 있기 때문에 여러 지역에서 승객을 두바이로 모아 다른 비행기로 갈아타게 해 목적지로 보내는 것이지요. 그래서 많은 승객들이 두바이로 향하고 있답니다.

두바이에 위치한 국제공항은 세계에서 국제 항공 승객 수 1위다냥!

📍 이스탄불의 성 소피아 성당, 술탄 아흐메드 모스크

성 소피아 성당은 동로마 제국 시절이었던 537년에 만들어졌어요. 그 당시 가장 규모가 큰 성당이었지요. 이후 오스만 제국에게 이스탄불이 점령되면서 성 소피아 성당 옆에 4개의 뾰족한 탑(첨탑)이 세워졌고 이슬람교 사원인 모스크로 바뀌었어요. 뾰족한 탑은 사람이 직접 올라가 '아잔'이라는 노래를 부르며 예배를 알리는 목적으로 이용되었는데요. 규모가 작은 모스크는 첨탑이 1~2개지만, 성 소피아 성당 맞은편에 있는 술탄 아흐메드 모스크와 같이 크고 유명한 모스크는 첨탑이 6개, 사우디아라비아의 메카에 위치한 알하람 모스크는 이슬람교의 성지답게 첨탑이 무려 9개라고 해요.

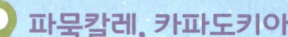

📍 파묵칼레, 카파도키아

파묵은 목화, 칼레는 성이라는 뜻인데요. 목화로 만들어 놓은 성처럼 보인다고 해서 붙여진 이름이에요. 땅속에서 석회 성분이 포함된 온천수가 흘러나와 언덕을 따라 내리면서 석회 성분이 계단 모양으로 굳어서 만들어졌어요.

터키 중부의 카파도키아에서는 먼 옛날 화산 폭발이 있었어요. 화산재가 굳어진 암석 위에 용암이 굳어진 암석이 덮여 있게 된 것인데, 이 두 암석의 단단한 정도가 달라서 물과 바람에 깎여 나가는 속도가 다르다 보니 독특한 버섯 모양의 바위들이 만들어졌어요.

터키의 남서부에는 파묵칼레라는 곳이 있다냥!

 다음 질문을 읽고 해당하는 나라의 이름과 지도에 표시된 알파벳을 써 보세요. 예) 터키, A

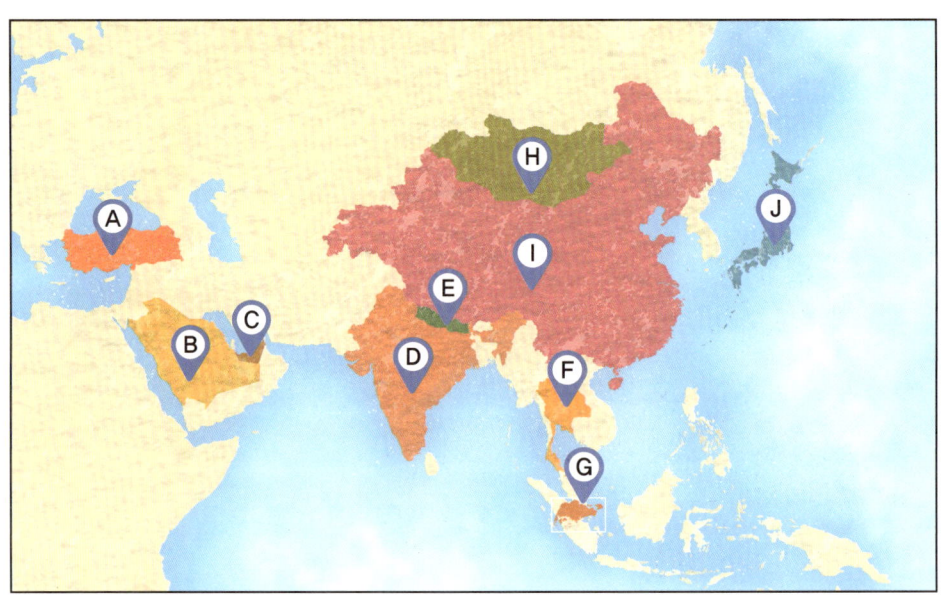

1. 석유가 많이 생산되고, 이슬람교의 성지인 메카가 위치한 나라는?
2. 작은 도시 국가이지만 지리적 위치를 잘 살려서 중계 무역이 발달한 나라?
3. 세계에서 가장 높은 산인 에베레스트산이 있고, 히말라야 등산을 돕는 셰르파족이 살고 있는 나라는?
4. 세계에서 가장 인구가 많고, 다양한 민족이 함께 살아가고 있는 나라는?
5. 세계에서 가장 높은 빌딩이 있고, 세계 지도 모양의 섬을 볼 수 있는 나라는?
6. 수많은 신을 믿으면서 살아가며, 세계에서 인구가 두 번째로 많은 나라는?
7. 국토 모양이 코끼리를 닮은 국가로, 매년 4월 서로에게 물을 뿌리는 축제가 열리는 나라는?

 다음 그림과 관련 있는 나라의 국기와 수도를 선으로 연결해 보세요.

1.  ▶ ◯  수도: 앙카라

2.  ▶ ◯  수도: 울란바토르

3.  ▶ ◯  수도: 아부다비

4.  ▶ ◯  수도: 리야드

5.  ▶ ◯  수도: 뉴델리

 다음 질문을 읽고 정답을 골라 보세요.

1. 일본에서 눈을 쌓아 조각품을 만들어 전시하는 축제가 열리는 섬의 이름은 무엇일까요?
   ① 혼슈 ② 큐슈 ③ 시코쿠 ④ 홋카이도

2. 중국에서 과거 포르투갈의 지배를 받아 포르투갈식 성당과 건물들이 남은 도시는 어디일까요?
   ① 베이징 ② 상하이 ③ 마카오 ④ 홍콩

3. 다음 국가 중 적도에 가장 가까워 일 년 내내 덥고 비가 많이 내리는 나라는 어디일까요?
   ① 몽골 ② 터키 ③ 싱가포르 ④ 사우디아라비아

4. 터키에서 옛날에 성당으로 지어졌다가 모스크로 바뀐 대표적인 건축물은 무엇일까요?
   ① 파묵칼레 ② 카파도키아 ③ 성 소피아 성당 ④ 술탄 아흐메드 모스크

2부 유럽

파리의 에펠탑, 로마의 콜로세움, 에스파냐의 사그라다 파밀리아 성당 등 유럽에는 유명하고 멋진 건축물들이 많아요. 유럽은 일찍이 정치, 경제, 문화, 예술, 교역 등 여러 분야가 발달된 대륙이에요. 그래서 아시아, 아메리카, 아프리카 등 각 지역에 언어, 종교, 경제, 문화 분야에 많은 영향을 끼친 대륙이기도 하지요.
유럽의 주요 나라별로 각각 어떠한 특징이 있는지 여행을 떠나 볼까요?

얼음과 불의 땅, 아이슬란드

 인구 34민 명(2020년)   언어 아이슬란드어
주요 종교 크리스트교(개신교)

오늘은 얼음의 땅이면서 불의 땅이기도 한 나라, 아이슬란드로 여행을 떠나 볼까?

얼음은 영어로 'Ice', 땅은 영어로 'Land'예요. 그래서 아이슬란드(Iceland)는 '얼음의 땅'이라는 뜻을 가진 나라지요. 아이슬란드는 우리나라보다는 훨씬 더 북극에 가깝기 때문에 우리나라보다 추운 편에 속해요. 그래서 산꼭대기에 눈이 일 년 내내 덮여 있는 경우가 많아 아이슬란드라는 이름이 붙었답니다.

아이슬란드는 '얼음의 땅'이기도 하지만 '불의 땅'이기도 해! 아이슬란드는 땅속에서 뜨거운 용암이 흘러나와 만들어진 화산섬이거든. 2010년 4월 14일에 아이슬란드의 화산 폭발로 뿜어져 나온 화산재가 바람을 타고 유럽 여러 나라로 퍼져나간 일이 있었지. 그 화산재가 하늘을 시커먼 먹구름처럼 뒤덮자 유럽의 여러 나라들은 한동안 햇빛을 제대로 보지 못했고, 비행기도 뜨고 내릴 수가 없어서 많은 여행객들이 오갈 수 없는 상황이 되었단다.

아이슬란드의 백야 현상

아이슬란드에 여름이 오면 아주 늦은 밤까지 해가 지지 않는 '백야 현상'을 볼 수 있어요. 백야는 한자로 '밝은 밤'이라는 뜻인데요. 여름에는 북극 쪽으로 가까이 갈수록 낮이 길어져 한밤중에도 해가 지지 않는 백야 현상이 나타나요. 반대로 겨울에는 낮이 매우 짧아져서 하루 종일 해가 거의 뜨지 않는 깜깜한 현상을 경험할 수 있어요.

여기는 밤 12시 인데도 해가 떠 있네요.

2017년, 아이슬란드가 러시아 월드컵 본선에 처음으로 진출했다는 소식에 많은 사람들이 놀랐어요. 아이슬란드의 인구는 34만 명 정도로 적은 데다가 전문 축구 선수가 많지 않아요. 그래서 치과의사, 소금 공장에서 일하는 직원이 선수로 뛰기도 했어요. 조건이 좋지 않은 상황 속에서도 월드컵 본선 진출을 이루어 냈기 때문에 많은 사람들이 아이슬란드의 본선 진출에 놀라워했지요.

아이슬란드

그림스뵈튼 화산

흑해

★ 레이캬비크

아이슬란드는 생선과 같은 해산물을 잡아서 파는 어업, 잡은 생선을 통조림으로 만들어 파는 수산물 가공업으로 돈을 번단다. 어업 중심으로 발달했지만 총 인구가 너무 적기 때문에 1인당 소득 수준은 우리나라의 2배 이상이 될 수 있었지.

아이슬란드는 우리나라와 거의 비슷한 103,000 제곱킬로미터 정도로 작은 나라인데, 국민들의 소득 수준은 우리나라에 비해 2배 이상이다냥!

4개 지역이 연합하여 만들어진 나라, 영국

인구 6,780만 명(2020년)
언어 영어   주요 종교 크리스트교

오늘은 우리가 배우는 영어의 원조 국가인 영국으로 여행을 떠나 볼까?

영국의 정식 명칭은 '그레이트브리튼섬과 북아일랜드 연합 왕국'이에요. 그레이트브리튼섬에 잉글랜드, 웨일스, 스코틀랜드가 자리하고 있고, 아일랜드섬의 북부에 북아일랜드가 있어요. 이 4개 지역이 연합해 하나의 나라를 이루고 있는 것이 바로 영국입니다.

영국은 월드컵 때 4개 지역이 모두 따로 출전한단다. 올림픽이 나라별로 출전하는 것과 달리 월드컵은 축구협회별로 출전할 수 있기 때문이지!

북아일랜드 지역은 아일랜드섬에 위치하지만 현재는 영국의 땅이에요. 옛날에 영국이 아일랜드를 지배했었는데 북아일랜드 지역을 뺀 나머지 지역을 아일랜드로 독립시켰지요. 그래서 현재 영국의 땅인 북아일랜드에 살아가는 아일랜드인들은 다시 아일랜드와 합쳐야 한다는 생각이 강해서 영국 정부와 많은 갈등이 있답니다.

📍 템스강의 타워 브릿지

영국의 수도인 런던은 서안 해양성 기후가 가장 뚜렷하게 나타나는 도시예요. 그래서 여름이라도 밤에는 긴 옷을 입어야 할 정도로 선선하고, 겨울에는 우리나라보다 따뜻한 편이지요. 서울에 한강이 흐르는 것처럼 런던에는 시내를 통과해서 흐르는 템스강이 있어요. 템스강에 놓인 타워 브릿지는 배가 지나갈 때마다 다리를 들어 올릴 수 있도록 만들어져 있답니다.

세계 여러 나라는 해가 뜨는 시간이 모두 다르기 때문에 서로 다른 시간대를 쓴단다. 시간대는 지구에 세로로 그어진 선인 경도를 기준으로 나눠지게 돼. 런던에는 '그리니치 천문대'가 자리하고 있는데 이 천문대를 지나는 세로선을 경도의 기준선인 0°로 정했고, 동쪽으로 180°, 서쪽으로 180°로 나누었어.
우리나라는 중앙의 경도가 동경 127.5°이니까 런던보다는 동쪽에 위치해 있고, 뉴욕은 서경 74° 정도니까 런던보다는 서쪽에 자리하고 있단다.

영국 국기는 잉글랜드, 스코틀랜드, 아일랜드 왕국의 국기가 합쳐진 모양이에요. 그런데 역사적으로 다른 여러 지역이 하나의 나라로 묶여 있다 보니 분리·독립 운동이 일어나고 있지요. 특히 스코틀랜드는 잉글랜드와 연합 왕국을 이루고 나서 영국으로 통합되었어요. 인구, 경제 부분에서 잉글랜드가 워낙 두드러져 영국이 잉글랜드 위주의 국가가 되었기 때문에 분리·독립을 희망하지요. 그래서 2014년에 분리 독립 투표가 있었지만 반대표가 55퍼센트로 나와 여전히 영국의 일부로 남게 되었어요.

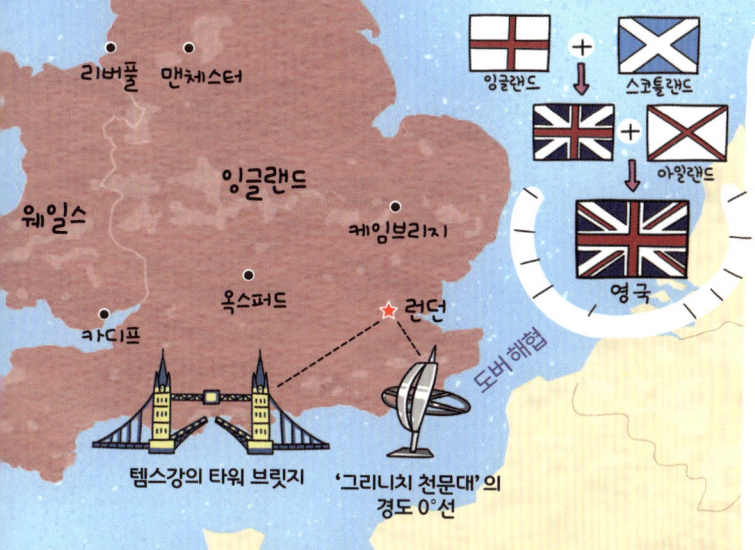

아름다운 건축물이 많은 나라, 프랑스

 인구 6,500만 명(2020년)　언어 프랑스어
주요 종교 크리스트교(가톨릭)

 13일

영국

오늘은 육각형 모양의 나라인 프랑스로 여행을 떠나 볼까?

프랑스는 영국, 독일, 이탈리아, 에스파냐 사이에 위치한 나라예요. 남쪽의 지중해 바닷가 지역을 빼면 대부분 영국처럼 서안 해양성 기후가 나타나요. 그래서 우리나라보다 여름에는 시원하고 겨울에는 따뜻한 편이지요. 또 프랑스는 평야가 넓게 펼쳐져 있어서 밀, 사탕무, 옥수수 농사를 짓는 모습을 많이 볼 수 있어요. 이러한 농작물들은 모두 서늘한 서안 해양성 기후에서 잘 자란답니다.

낭트

프랑스의 수도인 파리는 수많은 관광객들이 찾는 도시 중 하나예요. 중세 시대에 만들어진 아름다운 건축물과 유명한 미술 작품이 많이 남아 있기 때문이지요.

보르도

유명한 '모나리자', '민중을 이끄는 자유의 여신', '밀로의 비너스'를 볼 수 있는 루브르 박물관은 삼각형 모양의 유리 지붕으로도 유명하지!

에스파냐

루브르 박물관

📍 센느강 유람선

파리 시내를 흐르는 센느강은 유람선이 유명해요. 서안 해양성 기후로 비가 고르게 내리니 강물의 양이 비슷한 데다가 겨울의 기온도 따뜻해 강물이 잘 얼지도 않아요. 그래서 일 년 내내 유람선을 탈 수 있지요. 특히 밤에 유람선을 타면 아름다운 건물과 에펠탑의 야경을 볼 수 있어 인기가 많아요.

📍 파리의 개선문, 라데팡스의 신 개선문

파리에서 가장 유명한 건물은 에펠탑과 개선문이죠. 하지만 오래된 건축물이 많은 파리에도 새롭게 지어진 건물들이 많이 있어요. 파리의 북서부 지역에 위치한 '라데팡스'에 가면 우리가 알던 파리와는 전혀 다른 현대적인 모습을 볼 수가 있지요. 파리에는 옛날에 지어진 5층 정도의 아름다운 건물들이 많지만 이곳에서는 업무용 고층 빌딩들이 많이 몰려 있어요. 라데팡스 가운데에는 신 개선문이 놓여 있는데요, 개선문을 현대적으로 해석하여 지은 신 개선문은 파리의 개선문과 일직선으로 놓여 있어서 서로 멀리서 마주보게 되어 있답니다.

이탈리아와 국경이 맞닿은 곳인 프랑스 남동부에는 '망통'이라는 작은 도시가 있어요. 이곳은 매년 2월이 되면 레몬 축제를 열어요. 프랑스 남부의 지중해 바닷가 지역은 여름에 햇빛이 강렬한 지중해성 기후가 나타나는데요. 햇빛을 충분히 받아 포도와 레몬, 오렌지 등의 과일들이 잘 자란답니다.

> 망통 레몬 축제에서는 레몬, 오렌지를 이용한 캐릭터나 유명한 건축물을 만들어 전시한다냥!

바닷물 높이보다 낮은 땅, 네덜란드

인구 1,710만 명(2020년)
언어 네덜란드어   주요 종교 크리스트교

14일

오늘은 작지만 강한 나라인 네덜란드로 여행을 떠나 볼까?

네덜란드는 독일과 벨기에 국경이 맞닿아 있는 나라예요. 가장 높은 곳의 높이가 320미터 정도로 대부분의 지역이 낮은 평지에 자리하고 있어서 농업에 유리해요. 특히 젖소를 키워 우유, 버터, 치즈, 요구르트를 생산해 내는 낙농업이 잘 발달되었지요. 그래서 네덜란드에 가면 엄청나게 다양한 종류의 치즈를 볼 수 있답니다.

네덜란드는 여러 가지 꽃을 재배하는 화훼 농업도 많이 발달해 있지. 매년 3~5월이 되면 리세 지역의 쾨켄호프 공원에서 세계 최대의 꽃 축제인 '쾨켄호프 꽃 축제'가 열려. 이 축제에서는 튤립, 카네이션, 장미, 수선화 등 다양한 꽃들을 볼 수 있으니 세계에서 가장 아름다운 축제 중 하나 아닐까?

덴하흐
로테르담

언젠가 직접 가 보고 싶어요!

찰칵

풍차가 간척지의 물을 퍼올려서 수로로 보낸단다!

네덜란드는 국토 면적이 우리나라의 절반도 안 되는 작은 나라예요. 그런데 옛날에는 현재보다 40퍼센트 정도 더 작았어요. 어떻게 국토 면적을 늘렸을까요? 그것은 바로 큰 규모로 '간척'을 했기 때문이에요. 보통 간척을 하면 바다에 흙을 퍼부어 땅으로 만들게 돼요. 네덜란드는 바다 쪽을 큰 둑으로 막고 그 안의 물을 풍차의 힘을 이용해서 바다로 퍼내는 방법을 썼어요. 그래서 네덜란드는 바닷물 높이보다 낮은 땅이 꽤 있답니다.

📍 잔세스칸스의 풍차

옛날에 풍차는 물을 퍼내기 위해 많이 이용되었어요. 그래서 많은 사람들이 네덜란드 하면 튤립과 풍차를 떠올렸지요. 한때 수백 개나 있었던 풍차는 요즘은 전기로 펌프를 돌려 물을 퍼내기 때문에 대부분 없어지고 관광용으로 몇 개만 남아있다고 해요. 암스테르담 북쪽에 위치한 잔세스칸스가 대표적으로 풍차를 볼 수 있는 마을이랍니다.

📍 수로가 발달한 암스테르담

네덜란드의 수도는 암스테르담이에요. 암스텔강에 댐을 쌓은 후 도시가 만들어졌기 때문에 '암스텔강의 댐'이라는 뜻을 가지고 있어요.

암스테르담 곳곳에는 물이 흐르는 수로가 있어 물과 함께 어우러진 예쁜 건물들을 볼 수 있다냥!

동독과 서독이 통일된 나라, 독일

인구 8,370만 명(2020년)
언어 독일어   주요 종교 크리스트교

> 오늘은 우리나라와 닮은 모습이 많은 독일로 여행을 떠나 볼까?

독일은 동유럽과 서유럽의 경계에 위치해 두 유럽의 특징이 모두 나타나는 나라예요. 독일은 한때 동독과 서독으로 나누어졌는데요. 동독은 동유럽 나라(폴란드, 체코 등)처럼 공산주의를, 서독은 서유럽 나라(영국, 프랑스, 네덜란드 등)처럼 자유민주주의를 따랐어요.

라인강

> 분리된 독일은 공산주의인 북한, 자유민주주의인 남한처럼 우리와 비슷했었지.

📍 베를린 장벽

독일의 수도인 베를린에는 우리나라 사람에게 특별한 의미를 주는 장소가 있지요. 바로 베를린 장벽이에요. 한때 서베를린은 자유민주주의, 동베를린은 공산주의 지역이었기 때문에 베를린 장벽은 이 두 지역을 넘을 수 없는 경계로 존재했어요. 그러다 1989년 11월, 동독과 서독의 국경 개방 소식이 전해지자 많은 사람들이 망치와 건설 기계 등을 가지고 나와 베를린 장벽을 무너뜨렸지요. 1990년 10월, 동독과 서독은 마침내 하나의 독일로 통일되었어요.

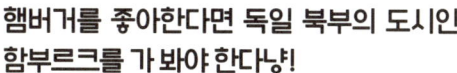

베를린 다음으로 큰 도시인 함부르크는 고기를 갈아 만든 스테이크가 유명해요. 19세기, 독일에서 미국으로 건너간 이민자들이 함부르크식 스테이크라는 뜻을 가진 '햄버그 스테이크'를 만들어 먹었는데요. 이후 미국에서는 빵 사이에 채소와 햄버그스테이크를 넣은 것을 함부르거, 즉 햄버거(Hamburger) 라고 부르게 되었지요. 햄버거의 고기 패티는 독일 함부르크에서 시작되었지만 오늘날 패스트푸드점에서 보는 햄버거를 탄생시킨 것은 미국이라 할 수 있어요.

프랑크 소시지

우리가 흔히 먹는 프랑크 소시지는 독일의 가운데 지역에 위치한 프랑크푸르트 방식의 소시지예요. 양의 창자에 다진 돼지고기와 쇠고기를 넣고 훈제해서 만들어요. 오스트리아의 빈(비엔나)식으로 만든 소시지는 '비엔나소시지'라고 불러요.

프랑크 소시지의 도시인 프랑크푸르트는 옛날 동프랑크 왕국의 수도였고, 서독 지역의 가운데에 위치하고 있어서 경제와 금융이 발달했어요. 그래서 프랑크푸르트에는 독특한 모양의 고층 건물들이 많아요.

베를린과 함부르크에 이어 세 번째로 큰 도시는 뮌헨이에요. 매년 9월 말~10월 초에 '옥토버페스트'라 불리는 축제가 열리지요. 600만 명 정도 사람들이 꾸준히 찾는 이 축제에 가면 엄청난 양의 맥주가 소비되는 것을 볼 수 있어요. 게다가 맥주와 곁들여 먹는 다양한 종류의 소시지와 매듭 모양의 과자인 프레첼 등도 많이 먹는다고 해요.

4개의 언어가 사용되는 나라, 스위스

 인구 860만 명(2020년) 언어 독일어, 프랑스어, 이탈리아어, 로망슈어 주요 종교 크리스트교

오늘은 알프스산맥과 함께 어우러진 스위스로 여행을 떠나 볼까?

스위스는 프랑스, 이탈리아, 독일, 오스트리아의 사이에 위치한 작은 나라예요. 유럽에서 상당히 높은 알프스산맥이 스위스 남부를 지나고 있어서 그림 같은 경치를 볼 수 있는 나라이기도 해요. 그리고 스위스는 일 년 중에 서늘한 때가 길고 비도 적당히 내려 풀이 잘 자라기 때문에 국토의 70퍼센트 정도가 풀이 자라는 땅이에요. 그래서 예전부터 목동과 풀을 뜯는 양의 모습을 쉽게 찾아볼 수 있었지요.

그린델발트의 눈 축제

알프스 산지 지역의 겨울철은 무척 춥기 때문에 눈이 많이 내리고 잘 녹지 않아요. 그래서 알프스 산지에 위치한 그린델발트 지역은 스키, 스노보드, 빙벽 등반 같은 다양한 겨울 스포츠를 즐길 수 있는 관광지예요. 매년 1월이 되면 눈을 가지고 만든 조각상을 전시하는 '그린델발트 눈 축제'가 열리기도 하지요.

마터호른

알프스에 가면 아주 뾰족한 산봉우리인 마터호른을 볼 수 있어요. 마터(Matter)는 초원, 호른(Horn)은 뿔이라는 뜻으로, 마터호른을 '초원의 뿔'이라 부르지요. 하늘을 찌를 듯 솟아 있는 마터호른은 미국의 유명 영화 제작사인 '패러마운트'의 로고 화면 배경이기도 해요.

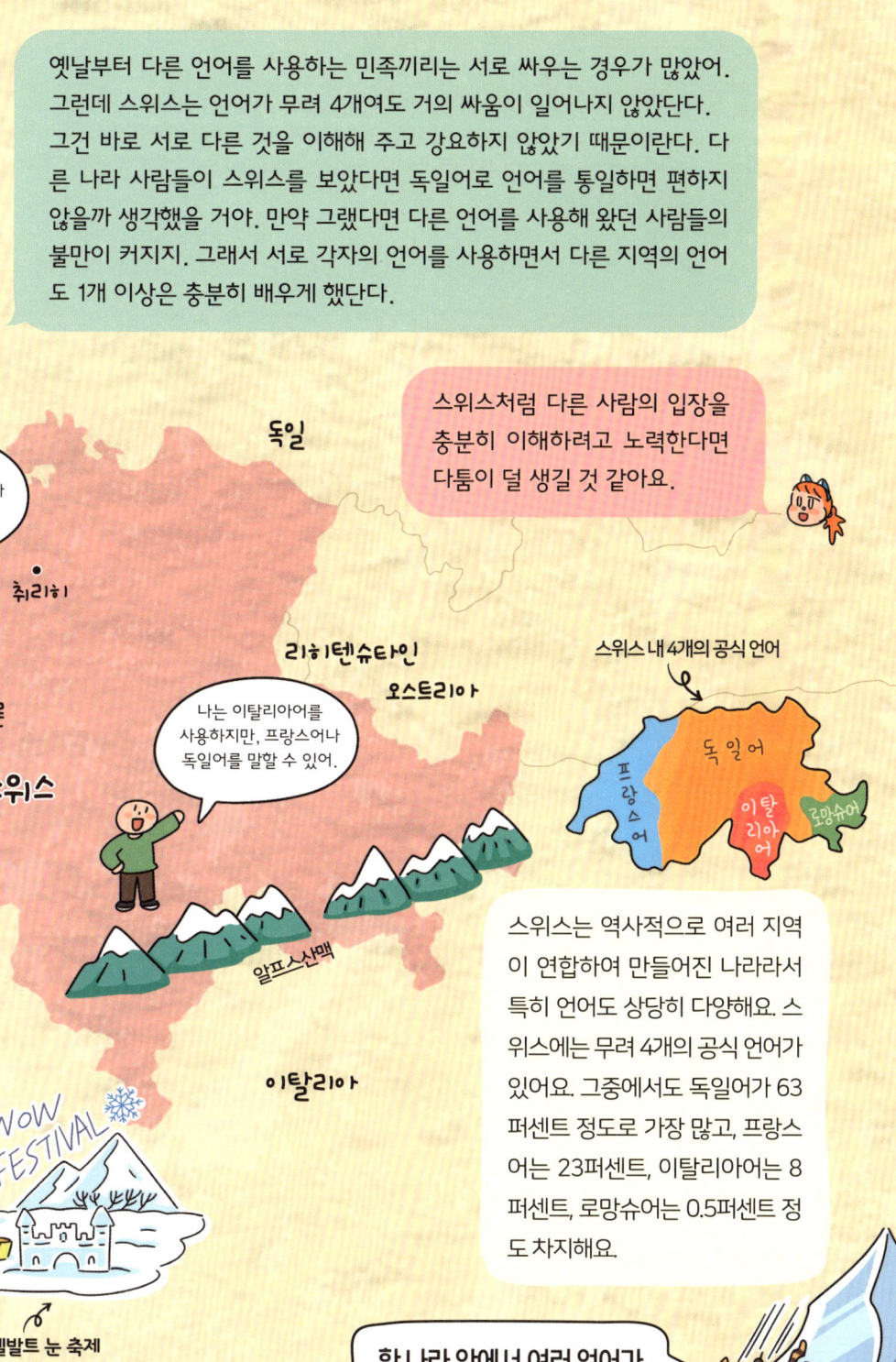

삼면이 바다로 둘러싸인 나라, 이탈리아

 인구 6,046만 명(2020년) 언어 이탈리아어
주요 종교 크리스트교(가톨릭)

 17일

오늘은 우리나라처럼 위아래로 길쭉한 나라인 이탈리아로 여행을 떠나 볼까?

이탈리아는 삼면이 지중해 바다로 둘러싸인 반도 국가예요. '반은 육지, 반은 섬'이라서 반도(半島) 국가라고도 불리지요. 이탈리아의 중남부 지역은 여름에 덥고 건조하며, 겨울에는 비가 자주 내리는 지중해성 기후가 나타나요.

 지중해성 기후는 여름에 기온이 40도(°C)까지 올라갈 정도로 덥고 비도 잘 내리지 않아. 그래서 피부가 많이 건조해져.

여름에 갈 때는 로션이나 립밤을 꼭 챙겨야겠어요.

📍 로마의 트레비 분수
이탈리아의 수도는 로마예요. 로마에는 옛날에 원형 경기장으로 사용되었던 콜로세움이 남아 있어서 많은 관광객들이 찾는 관광 명소가 되었죠. 또 다른 관광 명소로 사람들이 동전을 던지는 트레비 분수도 있어요.

여기에 동전 하나를 던지면 로마로 다시 오게 되고, 두 개를 던지면 사랑하는 사람을 만나게 되고 세 개를 던지면 결혼하게 된다고 믿는대.

이 분수 안에는 동전이 많네요.

트레비 분수

📍 베네치아의 곤돌라

이탈리아 북동부에는 물의 도시, 베네치아가 자리하고 있어요. 베네치아는 118개나 되는 크고 작은 섬들이 400개 정도의 다리로 이어져 있는 독특한 곳이에요. 5세기쯤에 베네치아 사람들이 갯벌에 말뚝을 박아서 그 위에 집을 지은 것이 베네치아이지요. 육지와 다리로 연결되어 있는 일부 섬을 빼면 차가 다닐 수가 없기 때문에 사람들도 배로 이동하고 물건들도 모두 배로 날라야 해요. 베네치아에 가면 '곤돌라'라는 관광용 배를 만날 수 있기도 해요. 뱃사공 아저씨가 우리에게 익숙한 이탈리아 노래도 불러 주면서 능숙하게 배를 저어 준답니다.

곤돌라

이탈리아 반도의 남쪽에는 지중해에서 가장 큰 섬인 시칠리아가 있어요. 시칠리아에는 화산인 에트나산이 있어서 가끔씩 폭발하기도 한답니다. 시칠리아에서 가장 큰 도시는 팔레르모인데, 로마에서 팔레르모까지 가는 기차도 있어요. 그런데 섬인데 어떻게 기차가 다닐 수 있을까요? 섬과 육지 사이의 바다에서는 기차를 배에 실어서 이동을 한다고 해요.

시칠리아섬과 육지를 연결하는 기차

47

다양한 문화가 존재하는 나라, 에스파냐

 인구 4,670만 명(2020년) 언어 에스파냐어
주요 종교 크리스트교(가톨릭)

18일

오늘은 크리스트교와 이슬람교 문화가 섞인 에스파냐로 여행을 떠나 볼까?

에스파냐는 유럽의 서쪽에 위치한 이베리아반도에 자리하고 있어요. 우리가 흔히 들어본 스페인은 에스파냐의 영어식 표현이지요. 옛날에 에스파냐는 멕시코부터 아르헨티나, 칠레에 이르는 넓은 지역까지 지배했어요. 그래서 브라질과 일부 나라를 제외한 중앙아메리카와 남아메리카의 국가들은 에스파냐어를 사용해요. 에스파냐어는 세계에서 중국어 다음으로 많은 사람이 사용하는 언어랍니다.

📍 세비야 대성당과 종탑

에스파냐는 한때 북아프리카로부터 넘어온 이슬람 세력인 우마이야 왕조에게 약 780년간 지배를 받았어요. 그래서 세비야에 가면 볼 수 있는 '세비야 대성당'은 종탑의 아랫부분은 이슬람 양식으로, 윗부분은 크리스트교 양식으로 만들어져 다른 성당의 종탑과는 달리 색다른 분위기를 느낄 수 있답니다.

포르투갈

세비야 대성당과 종탑

세비야

에스파냐는 북서부 지역을 제외하면 대부분 지중해성 기후가 나타나요. 특히 여름에는 낮 기온이 40도(℃)를 넘는 경우도 많지요. 그래서 낮잠 시간인 '시에스타'가 있어요. 시에스타는 여름의 오후 2~4시 정도에 너무 더워 일을 하기 어렵기 때문에 낮잠을 즐기는 것이지요. 주로 에스파냐와 포르투갈, 그리고 이들의 지배를 받은 중남미 국가들에서 주로 나타나지만 요즘에는 시에스타가 점점 없어지고 있대요.

에스파냐의 수도는 나라의 가운데에 위치한 마드리드예요. 에스파냐를 세운 카스티야 왕국의 수도였지요. 카스티야의 언어가 현재의 에스파냐어가 되었지만 카스티야 왕국은 주변의 여러 왕국들을 통합하여 현재의 에스파냐 영토를 완성했어요. 그래서 그때 통합된 왕국들은 지금도 에스파냐로부터 분리·독립하기 위한 운동을 벌이고 있어요. 유명한 관광 도시인 바르셀로나가 위치한 카탈루냐 지방은 2017년에 분리·독립에 대한 주민 투표를 실시했어요. 찬성표가 더 많이 나왔지만 에스파냐 정부에서 이를 강하게 반대하는 바람에 여전히 에스파냐의 일부 지역으로 남아 있어요.

카탈루냐 분리·독립을 지지하는 사람들 모습

📍 **사그라다 파밀리아 성당**
카탈루냐 지방의 중심 도시인 바르셀로나는 아름다운 건축물들로 많은 사람들이 찾는 관광 도시예요. 유명한 건축가인 '안토니오 가우디'가 디자인한 건축물들이 많이 남아 있지요. 특히, 사그라다 파밀리아 성당은 예수 그리스도의 12제자를 상징하는 옥수수 모양의 탑과 예수 그리스도의 탄생, 고난, 영광을 상징하는 벽면 조각으로 유명해요.

에스파냐의 대표적인 음식은 '빠에야'란다. 이슬람 세력에 의해 전파된 쌀과 향신료인 사프란, 바다로 둘러싸인 에스파냐의 해산물이 만나 만들어진 요리지.

해산물 볶음밥인데 노란색이네요?

사프란이라는 향신료를 넣으면 노란색이 된다냥!

푸른 지중해와 신화의 나라, 그리스

 인구 1,310만 명(2020년)　언어 그리스어
주요 종교 크리스트교(정교)

 19일

 오늘은 고대 그리스 문명이 꽃 핀 나라인 그리스로 여행을 떠나 볼까?

그리스는 유럽의 끝자락에 위치한 나라로 터키와 가까워요. 지중해에 둘러싸인 그리스는 반도 국가로, 지중해성 기후가 나타나요. 여름의 한낮에는 40도(℃) 이상 기온이 올라갈 정도로 덥고 건조하고, 겨울에는 따뜻하지만 비가 자주 내려요.

📍 아테네의 파르테논 신전

그리스의 수도는 아테네로, 약 2500여 년 전에 만들어진 고대 그리스의 건축물이 많이 남아 있어요. 특히 파르테논 신전이 있는 아크로폴리스 언덕은 아테네의 중앙에 위치해 아테네 시내와 저 멀리 지중해까지 한눈에 바라볼 수 있답니다.

그리스의 집이나 건물 벽 색깔이 대부분 밝은 색을 띠어요. 왜 그럴까요?

음, 색깔 중에서 검은색은 햇빛을 대부분 흡수하기 때문에 더 뜨거워지고, 흰색은 햇빛을 대부분 반사하기 때문에 덜 뜨겁지. 그래서 그리스의 뜨거운 여름날을 생각하면, 흰색이나 그에 가까운 밝은 색으로 칠한 것이란다. 그래서 그리스 남부에 위치한 작은 섬인 산토리니에 가면 흰색으로 벽이 칠해진 예쁜 집들을 많이 볼 수 있어서 유명한 관광지가 되었지.

저곳은 그리스 정교회 예배당이란다. 정교는 1054년에 로마 교회와 분리된 크리스트교의 일부야. 로마 교황의 권위를 인정하지 않고 예배 의식을 상당히 중요하게 생각하지. 그리스의 교회는 비잔틴 양식의 영향을 받아서 둥근 돔(Dome) 모양의 지붕이 나타나는 것이 특징이란다.

흰색 벽과 파란색 돔 지붕이 지중해의 푸른 바다와 잘 어울려 많은 관광객들이 찾는 관광 명소가 되었다냥.

📍 코린트 운하

아테네에서 서쪽으로 87킬로미터(km) 떨어진 곳에 위치한 코린트에는 배가 다닐 수 있는 좁은 물길이 있어요. 이를 '코린트 운하'라고 해요. 운하는 배가 떠다니며 움직이는 거리를 크게 줄일 수 있는 좁은 땅에 건설돼요. 그래서 이오니아해와 에게해를 연결하는 좁은 땅에 코린트 운하는 길이 6.3킬로미터(km), 폭 25미터(m)의 물길로 1893년에 건설되었어요. 과거에는 배로 이탈리아에서 아테네까지 가기 위해서 꽤 먼 거리를 돌아서 가야했지만 이제 코린트 운하 덕분에 거리가 엄청 짧아지게 되었죠. 이 운하의 양쪽 끝에는 배가 지나다닐 때는 물 아래로 가라앉고, 사람이나 자동차가 지나다닐 때는 올라오는 다리가 있어서 많은 사람들이 신기하게 생각해요.

세계에서 가장 큰 나라, 러시아

 인구 1억 4,590만 명(2020년)　언어 러시아어
주요 종교 크리스트교(정교)

20일

오늘은 땅덩어리가 가장 넓은 나라, 러시아로 여행을 떠나 볼까?

세계에서 가장 큰 땅덩어리를 가진 러시아는 북극과 가까운 위치에 자리하고 있어요. 그래서 여름에는 서늘하고, 겨울에는 엄청 추운 냉대 기후가 나타나요. 북극해 근처 바닷가 지역은 냉대 기후보다 더 추운 한대 기후가 나타나기도 한답니다.

📍성 바실리 대성당, 그리스도 부활 성당

러시아의 수도인 모스크바에는 아주 유명한 '성 바실리 대성당'이 있어요. 마치 지붕 위에 양파를 얹은 듯한 모습은 특유의 독특함과 아름다움으로 많은 관광객들의 시선을 끌어요. 상트페테르부르크에 가면 '그리스도 부활 성당'도 볼 수 있는데요. 모스크바의 성 바실리 대성당을 참고해 만들었기 때문에 아주 비슷한 모습이랍니다.

러시아의 겨울은 영하 30도까지 내려가는 것이 보통이에요. 특히 러시아 동부 시베리아 지역에 위치한 오이먀콘은 영하 71.2도까지 내려간 적이 있는 어마어마하게 추운 마을이에요. 1월 평균 기온이 영하 50도라고 해요. 밖으로 잠시 외출만 해도 눈썹과 머리카락이 얼고, 물에 젖은 빨래도 금세 딱딱하게 얼어 버릴 정도지요.

📍 상트페테르부르크의 백야 축제

러시아에서 두 번째로 큰 도시인 상트페테르부르크는 위도*가 북위 60도 정도로, 여름에는 새벽 1시가 되어도 엄청 어둡지 않아요. 왜냐하면 북극에 가까운 지역일수록 낮의 길이가 길어지기 때문이에요. 이렇게 낮의 길이가 상당히 길어진 것을 백야 현상이라고 해요. 그래서 상트페테르부르크의 여름이 찾아오면 늦은 밤에 백야 축제가 열려요.

↗ 백야 축제의 불꽃놀이 모습

러시아의 북극해 가까운 곳에는 네네츠족이 살아가는 네네츠 자치구가 있어요. 이곳은 여름이라고 해도 우리나라의 3월 수준으로 추운 한대 기후예요. 네네츠족은 순록들을 데리고 물과 풀을 따라 옮겨 다니며 살아가고 있어요. 순록은 추운 날씨에도 이끼를 뜯어먹으며 살아갈 수 있는 동물이랍니다. 네네츠족의 집은 원뿔 모양의 이동식 집이에요. 왜냐하면 순록의 먹이가 떨어져 다른 지역으로 이동할 때 집을 해체해서 썰매에 싣고 다음 장소로 가서 다시 설치해야 하기 때문이에요.

*위도: 지구 위에서 적도를 0도로 하여 그 기준으로 북쪽, 남쪽으로 얼마나 떨어져 있는지 나타내는 위치를 뜻해요. 남북으로 각 90도로 나누는데 북쪽을 북위, 남쪽을 남위라고 불러요.

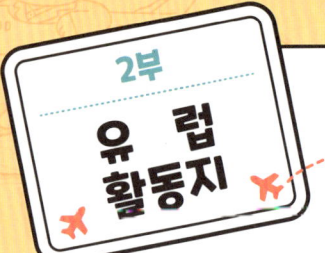

 다음 질문을 읽고 해당하는 나라의 이름과 지도에 표시된 알파벳을 써 보세요. 예) 아이슬란드, A

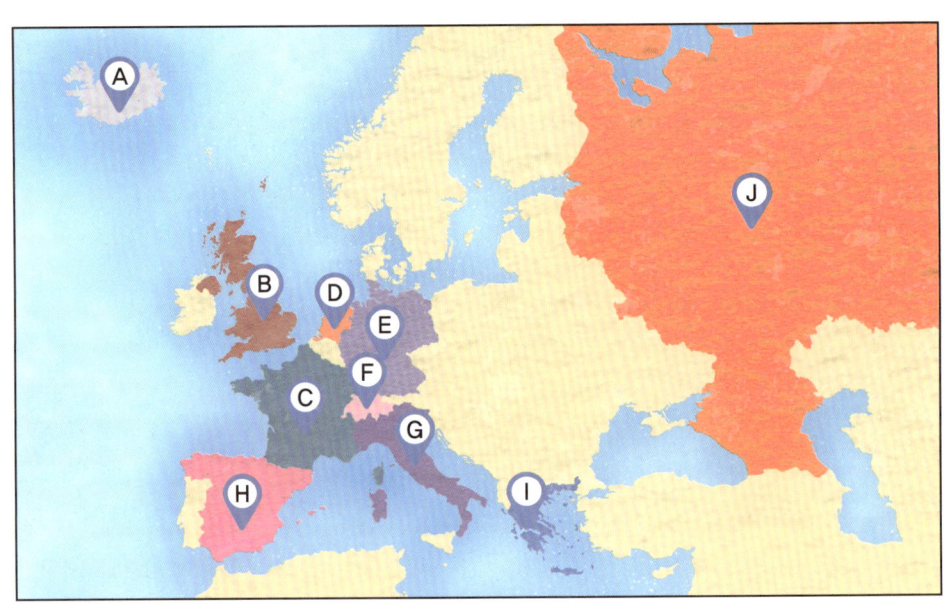

1. 공산주의와 자유민주주의로 나뉘어져 있던 두 개의 나라가 하나로 통일된 나라는?

2. 네 개 지역의 연합 왕국으로 이루어져 있어서 월드컵에도 네 개 지역이 따로 출전하는 나라는?

3. 네 개의 언어가 공식적으로 사용되고 있지만 큰 갈등 없이 살아가고 있는 나라는?

4. 얼음의 땅이라는 뜻을 가진 나라로 화산 활동도 발생하는 나라는?

5. 둑을 막고 풍차로 바닷물을 퍼내어 바닷물 높이보다 낮은 땅을 가진 나라는?

6. 남쪽에서 쳐들어온 이슬람 세력에 의해 지배를 받은 적이 있어서 이슬람 양식과 크리스트교 양식이 동시에 나타나는 성당을 볼 수 있는 나라는?

7. 우리나라처럼 삼면이 바다에 둘러싸인 반도 국가로, 유명한 물의 도시 베네치아가 있는 나라는?

 다음 설명 중 옳은 것은 O, 틀린 것은 X로 표시해 보세요.

1. 로마에서는 고대 유적인 파르테논 신전과 아크로폴리스를 볼 수 있다.
2. 바르셀로나가 위치한 카탈루냐 지역은 에스파냐로부터 분리·독립하려는 움직임이 있다.
3. 러시아 상트페테르부르크에서는 여름에 낮의 길이가 길어져 백야 축제가 열린다.
4. 독일에는 유명한 미술 작품들이 많이 전시된 루브르 박물관이 위치해 있다.

 다음 건축물을 볼 수 있는 나라의 국기와 수도를 선으로 연결해 보세요.

1.
2.
3.
4.
5.

수도: 런던

수도: 아테네

수도: 파리

수도: 모스크바

수도: 마드리드

55

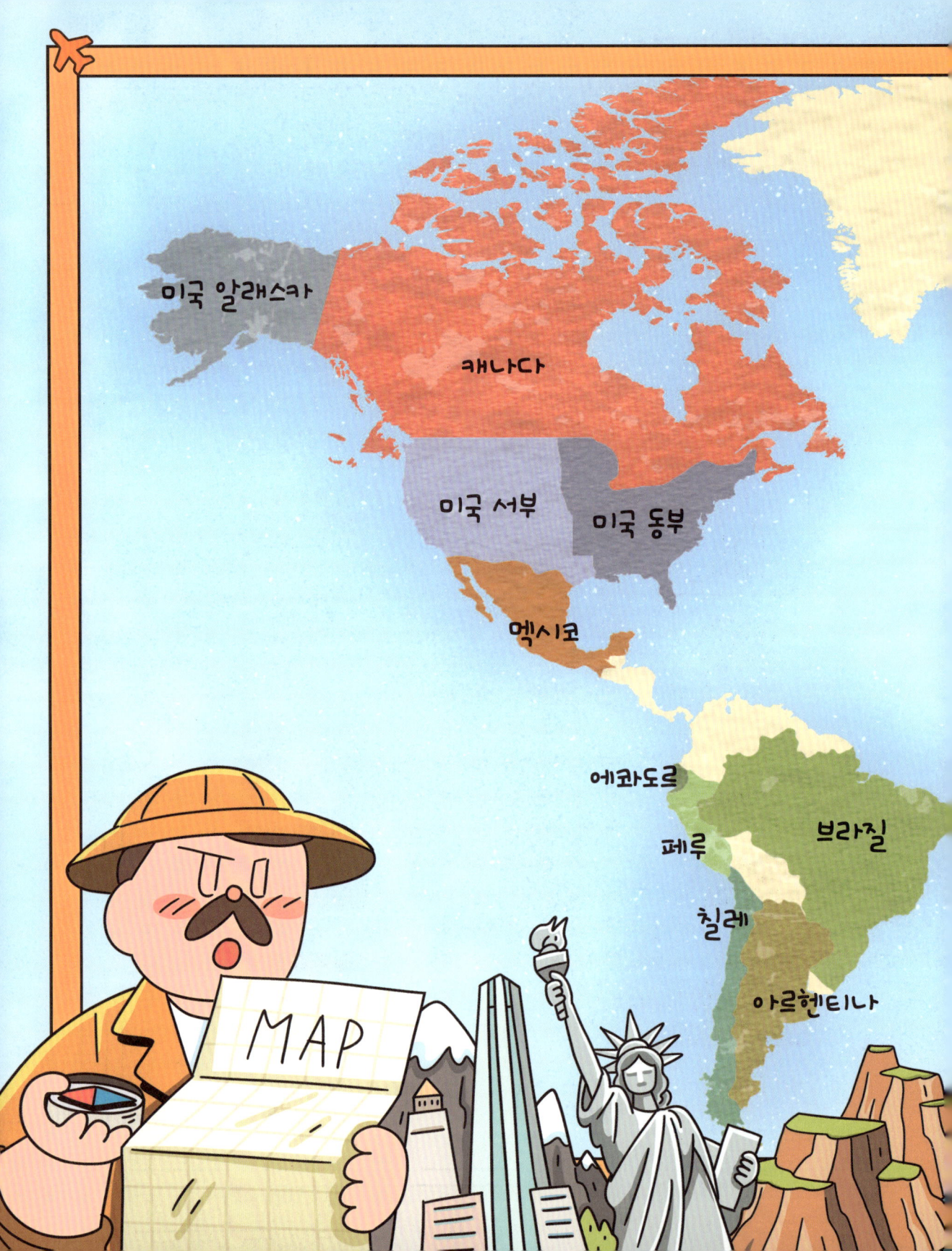

3부 아메리카

아메리카 대륙은 유럽의 식민 지배를 받았기 때문에 언어와 종교만큼은 유럽 영향이 뚜렷하게 나타나요. 하지만 원주민과 아프리카인의 문화도 곳곳에 뿌리내려 다양한 문화가 뒤섞여 있기도 해요.
세계적으로 영향력이 큰 미국과 캐나다부터 삼바의 나라 브라질, 탱고의 나라 아르헨티나까지 다양한 매력이 넘치는 아메리카 대륙으로 여행을 떠나 볼까요?

다양한 문화가 숨 쉬는 나라, 캐나다

 인구 3,700만 명(2020년)   언어 영어, 프랑스어
주요 종교 크리스트교

 오늘은 다양한 사람들이 함께 살아가는 나라인 캐나다로 여행을 떠나 볼까?

캐나다는 북아메리카의 북쪽에 위치한 나라예요. 대부분 냉대 기후이지만 미국과 가까운 남동부 지역은 따뜻한 편이라 단풍나무가 엄청 자라나요. 그래서 단풍나무에서 나오는 메이플 시럽도 많이 만들 수 있지요. 캐나다의 상징이 된 단풍나무는 1964년부터 캐나다 국기에도 그려져 있어요.

캐나다는 유럽에서 건너온 수많은 이민자로 세워진 나라예요. 최근에는 아시아에서도 많이 건너와요. 그래서 아시아인이 많이 거주하고 있는 밴쿠버나 토론토 등의 대도시에서는 영어, 프랑스어뿐만 아니라 중국어, 한국어, 일본어, 아랍어 등의 수많은 언어를 들을 수 있답니다. 앞으로도 다양한 피부색을 가진 사람들이 각자의 다양한 문화를 간직한 채 어울려 살아갈 거예요.

미국 알래스카
로키산맥
밴쿠버
미국

58

캐나다에서는 영어뿐만 아니라 프랑스어도 캐나다의 공식적인 언어예요. 캐나다 동부의 퀘벡은 옛날에 프랑스의 지배를 받았어요. 그래서 프랑스에서 건너온 사람들과 그 후손들이 프랑스 문화와 언어를 간직한 채 살아가지요. 특히 국내 드라마 <도깨비>에 등장했던 퀘벡의 모습은 프랑스 양식의 성과 건물이 멋스럽게 어우러진 모습이었어요.

또 퀘벡은 프랑스 문화와 언어를 지키고 싶은 사람들이 많아 1980년과 1995년에 두 번이나 퀘벡 분리·독립 찬반 투표가 있었어요. 아까운 차이로 반대표가 더 많아 지금도 캐나다에 속해 있지만 여전히 퀘벡의 많은 사람들이 분리·독립을 외치고 있답니다.

드라마 <도깨비> 속 배경이 된 프랑스 양식의 샤토 프롱트낙 호텔

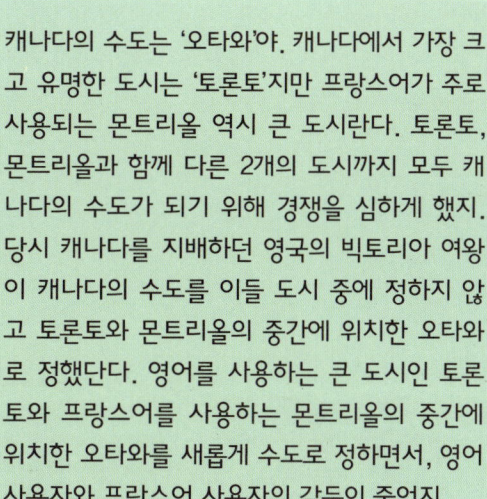

퀘벡의 분리·독립을 지지하는 사람들 모습

캐나다의 수도는 '오타와'야. 캐나다에서 가장 크고 유명한 도시는 '토론토'지만 프랑스어가 주로 사용되는 몬트리올 역시 큰 도시란다. 토론토, 몬트리올과 함께 다른 2개의 도시까지 모두 캐나다의 수도가 되기 위해 경쟁을 심하게 했지. 당시 캐나다를 지배하던 영국의 빅토리아 여왕이 캐나다의 수도를 이들 도시 중에 정하지 않고 토론토와 몬트리올의 중간에 위치한 오타와로 정했단다. 영어를 사용하는 큰 도시인 토론토와 프랑스어를 사용하는 몬트리올의 중간에 위치한 오타와를 새롭게 수도로 정하면서, 영어 사용자와 프랑스어 사용자의 갈등이 줄었지.

이민자들이 세운 땅, 미국 동부

 인구 3억 3,000만 명(2020년) 언어 영어
주요 종교 크리스트교

 22일

오늘은 우리에게 가장 잘 알려진 나라인 미국으로 떠나 볼까?

미국은 북아메리카 대륙의 가운데에 자리하는 큰 나라예요. 세계에서 땅 면적이 러시아와 캐나다 다음으로 세 번째로 크지요. 인구도 중국과 인도 다음으로 세 번째로 많아요. 무엇보다 전 세계에서 경제 규모가 가장 큰 나라가 바로 미국이에요.

미국은 우리가 흔히 '인디언'으로 알고 있는 '아메리카 원주민'들이 일찍부터 살고 있던 땅이었어. 이탈리아 탐험가 콜럼버스가 인도에 가기 위해 서쪽으로 배를 타고 가다 예상치 못하게 '아메리카 대륙'이라는 새로운 대륙을 발견했고, 그곳 원주민들을 인도 사람으로 착각했단다. 인도 사람이라는 뜻의 '인디언'으로 잘못 불리게 되었지. 하지만 요즘은 인디언이 아닌 '아메리카 원주민'으로 불려. 그 이후 미국의 북동부에 위치한 버지니아주의 제임스타운으로 영국인들이 최초로 건너와 자리를 잡게 된단다. 영국의 식민 지배를 계기로 다양한 유럽 사람들이 섞여 살아가게 되었지. 그래서 미국은 영국의 영향으로 영어를 사용한단다.

슈피리어
미네소타
위스콘신
아이오와
일리노이
미주리
아칸소
미시시피
루이지애나
뉴올리

인도 사람? 인디언?

워싱턴 D.C

미국의 수도는 워싱턴 D.C.예요. D.C.는 'District of Columbia'의 줄임말로, 컬럼비아의 행정구라는 뜻이에요. 여기서 컬럼비아는 콜럼버스의 땅이라는 뜻의 라틴어에서 왔지요. 워싱턴에는 미국 대통령이 업무를 보는 백악관이 자리하고 있어요.

백악관

뉴욕은 세계 경제와 금융의 중심 도시로 유명해. 세계적으로 유명한 기업의 본사가 많이 위치해 있지! 국제 연합(UN)의 본부도 있단다. 매년 전 세계적으로 영향력이 큰 '세계 도시'의 순위가 발표되는데, 뉴욕은 파리, 도쿄, 런던 등의 유명한 도시들을 제치고 1위로 많이 꼽혔어.

기업의 본사와 UN의 본부가 위치한 뉴욕 맨해튼섬의 모습

디트로이트

미시간주에는 자동차의 도시로 불리는 디트로이트가 위치해 있어요. 미국 3대 자동차 회사인 포드, GM, 크라이슬러 모두 디트로이트에 공장을 두고 있기 때문이에요. 하지만 1970년대부터 우리나라와 일본의 자동차의 미국 판매량이 늘어나자 미국의 자동차 회사들이 어려움을 겪었고, 자동차 생산에 의지하던 디트로이트도 경제가 안 좋아지면서 사람들도 많이 떠나 인구수가 줄어들기까지 했답니다.

과거 목화 재배를 많이 했을 때 이주해 온 아프리카 출신 흑인들이 미국의 남동부 지역에 많이 살고 있어요. 그중 뉴올리언스에서는 흑인 특유의 감성이 드러나는 재즈*가 발생한 곳으로 유명하지요.

*재즈: 미국 뉴올리언스에서 출발한 흑인 음악 장르이자 클래식, 행진곡 등 다양한 요소가 섞인 대중음악.

다양한 모습을 가진 땅, 미국 서부

인구 3억 3,000만 명(2020년) 언어 영어
주요 종교 크리스트교

> 오늘은 미국에서도 우리에게 가장 친근한 서부로 떠나 볼까?

미국은 땅덩어리가 큰 나라이기 때문에 지역마다 기후와 지형이 다양해요. 그중 미국 서부의 태평양 해안 지역은 주로 지중해성 기후가 나타나요. 그래서 여름에는 덥고 건조하고, 겨울에는 따뜻하고 비가 자주 내리지요. 하지만 서부의 내륙 지역은 비가 자주 내리지 않는 건조 기후가 나타나기 때문에 남서부 내륙는 사막도 있답니다.

📍 샌프란시스코의 금문교

로스앤젤레스에서 태평양 해안을 따라 북쪽으로 올라가면 샌프란시스코가 나와요. 샌프란시스코는 금문교로 유명한 도시이지요. 이곳의 교통 문제를 해결하기 위해 만들어진 금문교는 1937년에 지어진 붉은색의 다리예요. 다리의 무게를 지탱하는 줄이 두 개의 큰 기둥에 매달려 있어서 '현수교'라고도 불려요. 샌프란시스코의 항구, 바다, 금문교가 잘 어우러져서 이 아름다운 풍경을 보기 위해 많은 관광객이 찾아와요. 또 샌프란시스코의 남쪽에는 구글, 애플, 아마존 등 세계적으로 유명한 기업의 본사와 연구소가 몰려 있는 '실리콘 밸리'가 위치해 있어요.

📍 그랜드 캐니언

미국 서부 내륙의 그랜드 캐니언은 약 20억 년 전에 만들어졌어요. 콜로라도강이 콜로라도고원의 사이사이를 흐르면서 깊게 파여진 골짜기로 유명하지요. 이 골짜기의 깊이는 무려 1,500미터나 될 정도로 엄청 깊은데요. 콜로라도강 주변의 땅이 계속해서 위로 올라오는 '융기' 현상 때문에 콜로라도강이 땅 사이를 파고 들어가 거대한 골짜기를 만들 수 있었어요.

그랜드 캐니언

라스베이거스

미국 서부의 사막 위에 세워진 라스베이거스는 대규모의 카지노와 호텔들이 들어서 있어서 관광객들이 많이 찾아와요. 특히 베네치아, 파리, 이집트와 비슷하게 꾸며 놓은 호텔들도 있어서 마치 유럽에 와 있는 것 같지요. 라스베이거스에는 '스트라토스피어'라는 타워도 있는데요. 타워의 꼭대기 부분에 설치된 무시무시한 놀이기구로 짜릿한 경험을 느낄 수 있어요.

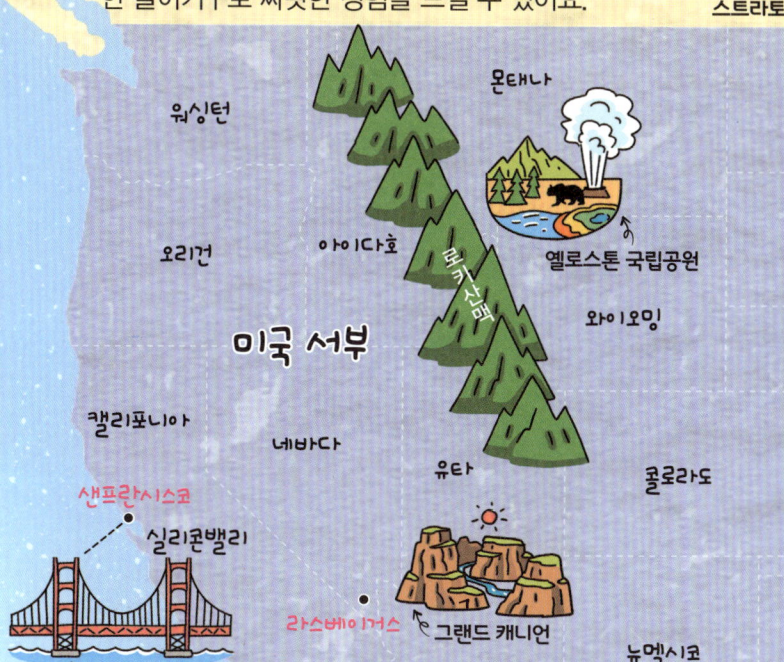

태평양 해안에 위치한 로스앤젤레스(LA: Los Angeles)는 상업 영화의 중심지인 '할리우드'가 있어요. 지중해성 기후 덕분에 1년에 300일 이상 맑은 날씨를 보여요. 영화를 제작하기에 최고의 조건을 갖춘 곳이지요.
또 이곳에는 유명한 영화를 주제로 한 테마파크인 '유니버설 스튜디오'가 있는데요. 자신이 본 영화의 한 장면을 놀이기구를 타며 직접 체험해 볼 수 있답니다.

로스앤젤레스의 영화 중심지 '할리우드'

전 세계에서 IT 분야의 우수한 인재들이 실리콘 밸리에 모여 세계적인 기업들을 이끌어나가고 있다냥!

얼음의 땅, 미국 알래스카

 알래스카 인구 73만 명(2020년) 언어 영어
주요 종교 크리스트교

오늘은 캐나다의 서쪽에 위치한 미국 알래스카로 여행을 떠나 볼까?

알래스카는 미국의 49번째 주예요. 한반도의 7배나 되는 엄청 넓은 땅이지만 인구는 73만 명 정도로 우리나라의 전주시(65만 명)보다 조금 더 많은 수준이랍니다.

알래스카는 북극 가까이 위치하고 있어서 대부분 냉대 기후와 한대 기후가 나타나요.

현재 알래스카는 미국의 땅이지만 과거에는 러시아의 땅이었어요. 알래스카 서쪽의 좁은 바다인 '베링 해협'을 건너면 바로 러시아가 보여요. 1867년 러시아는 나라의 경제 사정이 어려워져 720만 달러의 돈을 받고 미국에게 알래스카를 팔았지요. 현재 가치를 보면, 미국이 싼 가격에 알래스카를 사들인 것이지만 그때 당시만 해도 춥고 쓸모없는 땅을 큰돈 들여 샀다고 미국 안에서 많은 비판을 받았다고 해요.

하지만 알래스카 땅속에 엄청나게 많은 양의 석유와 천연가스가 묻혀 있다는 조사 결과가 나오자 비판의 목소리들은 잠잠해졌지요. 땅속의 석유와 천연가스 양을 계산해 보니 땅값으로 러시아에 지불한 돈보다 훨씬 더 많은 돈을 벌 수 있다고 깨달았기 때문이에요. 이렇듯 알래스카는 오래전부터 묻혀 있던 석유와 천연가스가 많아 미국의 든든한 자원 창고랍니다.

석유와 천연가스가 묻혀 있는 모습

📍 알래스카의 중심 도시는 남부 바닷가에 위치한 항구 도시, 앵커리지예요. 알래스카는 전체적으로 춥고 눈도 많이 내리지만, 앵커리지는 남쪽에 위치해 있고 태평양에 가까이 있어서 따뜻한 편이지요. 그래서 사람들이 가장 많이 모여 살아가고 있는데요. 북극해 가까이에는 '이누이트'인들이 살고 있어요.

북극해

이누이트인은 예전에 에스키모인이라고 불렸는데요. 에스키모는 '날고기를 먹는 사람들'이라는 뜻으로 무례한 표현이니 이누이트인이라고 부르는 것이 좋을 것 같아요!

캐나다

미국 알래스카

디날리산
(6,190m)

● 앵커리지

한국·중국·일본에서 출발해 미국과 캐나다로 도착하는 비행기들은 대부분 알래스카 하늘 위를 통과해야 해요. 지도로 펼쳐 봤을 때는 너무 돌아가는 것처럼 보이지만 실제 지구는 둥근 공 모양이지요. 그래서 알래스카를 거쳐서 가는 것이 가장 빠르게 갈 수 있는 길이에요. 지금처럼 비행기가 한 번에 멀리까지 날 수 없던 과거에는 알래스카의 공항에서 연료를 넣고 다시 미국 본토까지 날아가곤 했어요. 즉 알래스카는 항공 교통에서도 중요한 위치인 셈이지요.

65

원주민과 에스파냐 문화의 나라, 멕시코

 인구 1억 3,000만 명(2020년)　언어 에스파냐어
주요 종교 크리스트교(가톨릭)

 25일

오늘은 아즈텍 문명의 발생지인 멕시코로 여행을 떠나 볼까?

멕시코는 리오그란데강을 경계로 미국과 맞닿아 있는 나라예요. 미국과 가까운 나라이지만 문화적으로는 상당히 다른 특징을 가졌어요. 미국과 캐나다가 영국의 영향을 많이 받았다면 멕시코는 에스파냐의 영향을 많이 받았지요. 그래서 대부분의 사람들이 에스파냐어를 사용하고 가톨릭을 믿고 있답니다.

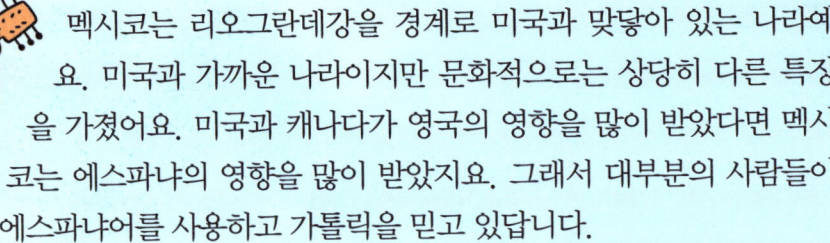

📍 멕시코시티

멕시코의 수도는 높이가 2,240미터의 고원에 자리한 멕시코시티예요. 멕시코는 우리나라보다 적도에 더 가까이 있어서 높이가 낮은 해안 지역이면 일 년 내내 더운 열대 기후가 나타나요. 하지만 내륙으로 들어갈수록 산지와 고원이 나타나서 높이가 높아져요. 여기서 높이가 높아진다는 것은 기온이 더 떨어진다는 뜻이에요. 그래서 높이 2,000~3,000미터 정도가 되면 일 년 내내 우리나라의 봄·가을처럼 선선한 날씨가 나타나지요. 이런 기후를 고산 기후라고 하는데요. 멕시코시티는 고산 기후를 대표하는 도시예요. 멕시코를 중심으로 발달했던 고대 문명인 아즈텍 문명도 현재의 멕시코시티를 중심으로 발달하게 되었어요.

소칼로 광장, 메트로폴리탄 대성당

멕시코뿐만 아니라 브라질을 제외한 대부분의 중남부 아메리카 국가들은 에스파냐의 식민 지배를 받았어요. 그래서 멕시코시티의 한가운데에는 식민 지배 때 만들어진 유럽식의 건물들과 큰 광장이 있지요. 광장 주변의 건물들 중에서 가장 눈길을 끄는 것은 메트로폴리탄 대성당과 국립 궁전이에요. 유럽의 유명한 성당이나 궁전들과 비교하더라도 뒤지지 않을 정도로 화려하고 웅장해서 많은 관광객들이 찾는 여행지랍니다.

소칼로 광장과 메트로폴리탄 대성당

멕시코시티의 과달루페 대성당

1987년에 세계 문화유산으로 지정된 과달루페 대성당에 가면 특별한 성모 마리아를 볼 수 있어요. 1531년, 후안 디에고라는 사람 앞에 원주민처럼 갈색 피부색을 가진 성모 마리아가 나타났는데요. 이 사건으로 많은 원주민들이 종교를 가톨릭으로 바꾸게 되었고, 멕시코에 가톨릭이 깊게 뿌리내렸어요.

갈색 피부 성모 마리아

우리나라에서 단번에 가장 멀리까지 날아가는 비행기가 바로 멕시코시티로 향하는 비행기예요. 총 15시간 정도로 쉬지 않고 날아가요. 그런데 멕시코시티의 국제공항으로 갈 때와 달리 멕시코시티에서 인천국제공항으로 돌아올 때는 '몬테레이'라는 도시에 한 번 들렀다가 옵니다. 멕시코시티의 높이가 2,240미터로 꽤 높은 편이기 때문이지요. 높이가 높을수록 공기 분자의 빽빽한 정도인 '공기 밀도'는 낮아져요. 그러면 공기의 양도 적어지지요. 보통 비행기가 날아가려면 엔진을 강하게 회전시킨 다음, 공기를 밀면서 나아가야 하는데요. 멕시코시티는 공기 밀도가 낮기 때문에 연료를 가득 채운 비행기가 날아오를 만큼의 충분한 힘을 받지 못해요. 그래서 어쩔 수 없이 멕시코시티에서 비행기가 뜰 수 있을 만큼의 적은 연료만 채우고 날아간 뒤, 높이가 낮은 곳에 위치한 몬테레이에 들러 연료를 가득히 넣어야 하지요.

적도가 지나는 나라, 에콰도르

인구 1,760만 명(2020년) 언어 에스파냐어
주요 종교 크리스트교(가톨릭)

오늘은 적도라는 뜻을 가진 나라, 에콰도르로 여행을 떠나 볼까?

에콰도르는 남아메리카의 서부에 위치한 작은 나라예요. 나라 이름 자체가 에스파냐어로 적도(Ecuador)라는 뜻을 가졌지요. 실제로 적도가 이 나라를 통과하기 때문에 바닷가 지역은 열대 기후가 나타나고, 조금 더 내륙으로 들어가면 일 년 내내 선선한 고산 기후가 나타나요.

적도

갈라파고스 제도

📍 **키토**
에콰도르의 수도는 우리나라의 백두산 꼭대기보다 더 높은 2,850미터에 위치해 있는 키토예요. 바닷가에서 내륙으로 조금만 들어가면 높고 험한 안데스산맥이 자리하고 있어서 일 년 내내 선선한 날씨가 나타나는 고산 기후를 경험할 수 있지요.

고산 지대는 공기가 많지 않아 들이마시는 산소량이 적어. 우리나라처럼 높이가 낮은 지대에서 살다가 이곳처럼 높은 지대로 여행을 오면 고산병에 걸리거나 산소 부족으로 쓰러질 수 있으니 무리하지 말고 천천히 둘러봐야 한단다.

키토에서 북쪽으로 이동하면 에콰도르의 관광 명소 중 하나인 적도 기념탑이 나와요. 적도 기념탑과 함께 있는 노란 선은 옛날에 유럽 사람들이 적도라고 판단해서 그린 선인데요. 이곳에서 10분 정도를 더 걸어가면 진짜 적도선이 나와요. 실제로 조사한 진짜 적도와 달라서 이런 일이 벌어졌지요. 붉은 선인 '진짜 적도선'에 한 발씩 걸쳐 사진을 찍는다면 지구의 북반구와 남반구를 동시에 디딘 모습으로 남길 수 있어요.

진짜 적도를 표시한 붉은 선

적도에서는 신기한 현상을 많이 볼 수 있지요. 남반구나 북반구에서는 지구가 스스로 돌아가는 '자전'에 의해 '전향력'이라는 독특한 힘의 영향을 받아요. 그래서 달걀도 세로로 세우지 못하고, 세면대의 물도 휘돌아 내려가지요. 하지만 적도에서는 전향력이 나타나지 않아서 쇠못 위에 달걀을 세울 수 있어요. 달걀 세우기에 성공한 사람은 인증서도 받아요. 또, 세면대의 물도 소용돌이치지 않고 그냥 빠져나가지요. 그래서 이동식 세면대로 적도에서 북쪽, 남쪽으로 이동시키면서 물이 휘돌아서 내려가는 것과 적도에서 물이 휘돌지 않고 빠지는 모습을 비교해 보기도 해요.

적도에서 세로로 세워진 달걀

적도에서 소용돌이 없이 빠져나가는 물

에콰도르 해안에서 서쪽으로 약 1,000킬로미터(km)를 가면 갈라파고스 제도가 나와요. '제도'는 여러 섬들을 합쳐서 부르는 말이에요. 코끼리 거북, 펭귄, 이구아나, 홍학 등 다양한 야생 동물들이 살아가고 있는데요. 이곳 동물뿐만 아니라 자연환경을 보려고 많은 관광객들이 에콰도르에서 비행기를 타고 찾아와요.

생태계 보존을 위해 비행기에 타기 전부터 신발 바닥을 깨끗이 닦고 타야 한다냥!

갈라파고스의 코끼리 거북

잉카 문명을 꽃피운 나라, 페루

인구 3,300만 명(2020년) 언어 에스파냐어
주요 종교 크리스트교(가톨릭)

27일

오늘은 잉카 문명의 중심, 페루로 여행을 떠나 볼까?

페루는 남아메리카의 태평양 해안에 위치한 나라예요. 주변의 다른 나라들과 마찬가지로 과거에 에스파냐의 지배를 받았지요. 그래서 에스파냐어를 사용하고 대부분의 사람들이 가톨릭을 믿고 있어요. 페루를 통과하는 안데스산맥의 고산 지대로 올라가면 에스파냐인이 이 지역을 정복하기 전까지 꽃피웠던 잉카 문명의 흔적을 살펴볼 수 있어요.

안데스산맥에는 높이 3,400미터에 위치한 고산 도시인 쿠스코가 자리하고 있어요. 이 도시는 잉카 문명의 중심지 역할을 했던 도시인데요. 한때 인구가 100만 명 가까이 되었다고 해요. 쿠스코는 원주민 언어인 케추아어로 '세계의 배꼽'이라는 뜻인데, 쿠스코라는 이름에서부터 벌써 잉카 제국의 중심지라는 자부심이 강하게 느껴져요. 쿠스코는 표범 모양처럼 생긴 도시로, 고대 잉카인들이 하늘은 독수리, 땅은 퓨마, 땅속은 뱀이 지배한다고 믿었기 때문에 퓨마의 모양과 비슷하게 만들었다고 해요.

쿠스코

📍 마추픽추 유적지

마추픽추 유적지

안데스산맥의 중턱에 자리한 마추픽추는 높이 2,430미터 정도에 자리하는 고산 도시예요. 높은 곳까지 크고 작은 돌들을 일일이 사람들이 옮겨서 지었지요. 마추픽추에는 높이 3미터 정도의 큰 돌계단이 40개 정도 있는데요. 높은 산지는 기울기가 심하다 보니 농사짓기가 어려웠어요. 그래서 이곳 사람들은 계단 형태의 밭을 만들어 농사를 지었어요. 높은 산지에서 살아가는 것이 쉽지 않지만 높이가 낮은 해안에서 덥게 사는 것보다 서늘한 곳에서 살고 싶었던 마음이 더 크지 않았을까요?

페루 주위 국가의 수도는 대부분 고산 지대에 위치하고 있지만, 페루의 수도는 해안에 자리한 리마예요. 적도에 가까이 있고 바닷가에 있는 도시라서 덥고 비가 엄청 많이 올 것 같지만 실제로는 일 년 동안 비가 거의 내리지 않아요. 바닷가에 위치해 있는데 왜 비가 거의 안 오는 걸까요?

바닷물의 흐름을 '해류'라고 하는데요. 해류는 따뜻한 바닷물의 흐름인 난류와 차가운 바닷물의 흐름인 한류로 나뉘어요. 페루 앞바다는 페루 해류가 흐르는 한류예요. 비를 내리기 위해선 먼저 공기가 데워져 위로 올라가다 차가워져야 해요. 그런데 차가운 한류가 흐르면 공기가 서늘해져서 위로 올라가기 어려워요. 그렇기 때문에 비가 내릴 기회는 적을 수밖에 없어요.

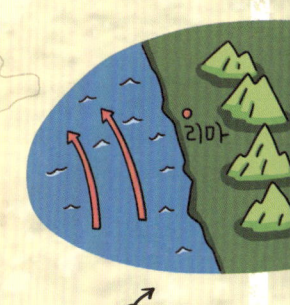

페루의 남부 바닷가를 따라 흐르는 페루 한류

1535년에 에스파냐가 잉카 제국을 정복한 뒤, 에스파냐로 여러 물건들을 옮기기 위해 만든 항구 도시가 바로 리마예요. 에스파냐가 지은 유럽식 건축물들이 많이 보존되어 있어서 1988년에 리마 중심 구역 전체가 유네스코 세계 문화유산으로 지정되었어요.

리마에서 가장 대표적인 관광 명소는 바로 아르마스 광장과 그 주변이지. 식민 지배의 영향으로 중앙 광장인 아르마스 광장과 함께 대통령궁, 리마 대성당 등의 다양한 유럽식 건축물들을 한곳에서 둘러볼 수 있단다.

아르마스 광장에 위치한 리마 대성당

가장 길쭉하게 생긴 나라, 칠레

인구 1,900만 명(2020년) 언어 에스파냐어
주요 종교 크리스트교(가톨릭)

오늘은 남북으로 길쭉한 나라, 칠레로 여행을 떠나 볼까?

남아메리카 지도를 보면 칠레는 세계에서 가장 남북으로 길쭉한 나라예요. 남북으로 4,300킬로미터, 동서로 180킬로미터 정도의 크기이지요. 한반도의 남북 길이가 1,000킬로미터, 동서 폭이 350킬로미터 정도니까 칠레의 동서 폭은 한반도보다 반 정도로 좁고, 남북 길이는 4배 이상으로 더 길어요.

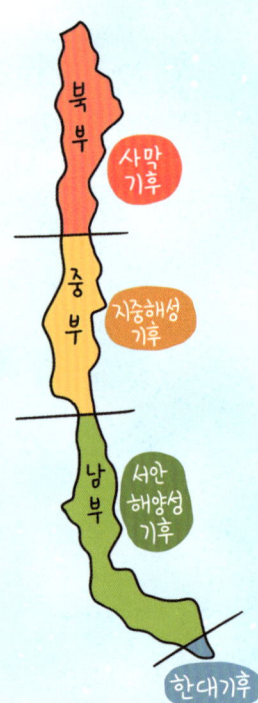

칠레가 남북으로 길쭉하다 보니 여러 가지 기후가 나타나요. 우선 북부 지역에는 사막이 나타날 정도로 건조 기후가 나타나고, 중부 지역은 여름에 건조하고 겨울에 비가 자주 내리는 지중해성 기후, 남부 지역은 여름에 서늘하고 겨울에 따뜻하며 일 년 내내 비가 자주 내리는 서안 해양성 기후, 남극에 가까운 가장 남쪽 지역은 여름에도 추운 한대 기후가 나타나요.

칠레의 북쪽에서 남쪽 끝까지 여행한다면 아주 덥고 건조한 기후부터 추운 한대 기후까지 모두 경험할 수 있단다.

칠레의 남부 지도를 보면 해안선이 상당히 들쑥날쑥한 것을 알 수 있어요. 아주 먼 옛날, 지구 전체 기온이 낮았던 빙하기 때 이곳은 빙하로 덮여 있었어요. 그때 빙하에 깎인 골짜기들이 바닷물에 잠기면서 좁고 기울어진 해안이 되었지요. 이러한 해안을 우리는 '피오르 해안'이라고 불러요. 피오르는 바다와 골짜기가 어우러져 멋진 경치를 만들어 낸답니다.

아타카마 사막

칠레의 북부에는 세계에서 가장 건조하다고 알려져 있는 아타카마 사막이 자리하고 있어요. 세계에서 가장 큰 사막인 사하라 사막에서도 1년간 강수량이 보통 50~100밀리미터 정도인데요. 아타카마 사막은 1년간 약 10~20밀리미터예요. 이 사막은 칠레 북부의 태평양 해안에 위치하고 있는 사막인데요. 페루의 해안에서 사막이 나타나는 것과 같은 원리로 페루 한류가 강하게 흘러 생겨난 사막이지요. 한류 때문에 비가 잘 내리지 않아서 맑은 날이 대부분이고, 그래서 세계에서 별을 가장 잘 볼 수 있는 지역으로 알려져 있기도 해요.

칠레의 수도 산티아고

칠레의 수도는 가운데에 위치한 산티아고로, 높이는 560미터 정도예요. 산티아고의 동쪽에는 아주 높은 안데스산맥이 있어서 일 년 내내 녹지 않는 눈인 '만년설'을 볼 수 있어요. 산티아고의 북동쪽에는 안데스산맥에서 가장 높은 봉우리인 아콩카과산이 있는데요. 높이가 무려 6,960미터나 된다고 해요. 이처럼 안데스산맥의 산들이 매우 높은 데다가 낮은 기온 때문에 산꼭대기에 내린 눈이 일 년 내내 녹지 않아요.

산티아고가 위치한 칠레의 중부 지역은 대부분 지중해성 기후라서 여름철이 되면 강한 햇빛 덕분에 과일이 잘 자라는 편이에요.

칠레는 포도가 잘 자라서 포도주인 와인이 아주 유명하다냥!

'남미의 프랑스'로 불렸던 나라, 아르헨티나

 인구 4,500만 명(2020년) 언어 에스파냐어
주요 종교 크리스트교(가톨릭)

오늘은 탱고로 유명한 나라, 아르헨티나로 여행을 떠나 볼까?

아르헨티나는 남아메리카에 위치한 나라예요. 에스파냐의 식민 지배를 받았기 때문에 에스파냐어를 사용하고, 많은 사람들이 가톨릭을 믿고 있지요. 주변 나라들이 모두 유럽의 식민 지배를 받았지만 아르헨티나는 그중에서도 특히 유럽 문화의 느낌이 강해서 '남미의 프랑스'라고 불려요.

1900년대 초반에 아르헨티나는 넓은 초원에서 소를 키워 얻어 낸 소고기를 다른 나라에 팔았기 때문에 경제적으로 큰 어려움이 없었지. 1910년대에는 아르헨티나의 소득 수준이 프랑스나 이탈리아보다도 높았기 때문에 이탈리아, 독일 등을 중심으로 한 많은 유럽 사람들이 아르헨티나로 이민 올 정도였단다. 이러한 이유로 남아메리카의 다른 국가들은 유럽인과 원주민의 혼혈이 많지만 아르헨티나는 90퍼센트 정도가 유럽인의 후손인 백인이란다.

태평양

동화 『엄마 찾아 삼만리』가 생각나지 않나요? 이탈리아 소년 마르코가 가정부 일을 얻으려고 아르헨티나로 떠난 엄마를 찾아 먼 길을 여행했던 것을 보면 당시에 얼마나 많은 유럽 사람들이 아르헨티나로 건너갔는지 알 것 같아요.

삼바의 나라, 브라질

 인구 2억 1,200만 명(2020년) 언어 포르투갈어
주요 종교 크리스트교(가톨릭)

오늘은 삼바 축제로 유명한 나라, 브라질로 여행을 떠나 볼까?

브라질은 남아메리카에서 가장 면적이 넓고 인구도 많은 나라예요. 적도가 브라질의 가운데를 지나고 있기 때문에 대부분의 지역이 일 년 내내 더운 열대 기후가 나타나지요.

아마존 열대밀림

📍 거대 예수상

브라질의 동남부 해안에 자리한 리우데자네이루는 유명한 도시예요. 2016년에 올림픽을 개최했었고, 2014년에 브라질 월드컵의 결승전도 열렸지요. 특히 리우데자네이루의 거대 예수상은 아름다운 해안과 도시 모습을 내려다볼 수 있어서 인기가 많은 관광지예요.

라틴 아메리카 대부분의 국가들이 에스파냐어를 사용하는 것과 달리 브라질은 포르투갈의 식민 지배를 받았기 때문에 포르투갈어를 사용해요. 그런데 포르투갈의 인구가 1천만 명 정도이고, 브라질의 인구가 2억 1천만 명이 넘으니까 포르투갈어 사용자가 포르투갈보다 21배나 많은 상황이에요. 그래서 요즘 포르투갈어를 배우는 많은 사람들은 브라질에서 사용하는 포르투갈어를 배우고 싶어 한답니다.

아마존 지역은 일 년 내내 덥고, 비가 많이 오기 때문에 나무가 빽빽한 밀림 지대를 이루고 있지. 그중 키 큰 나무는 무려 아파트 15층보다 더 높은 50미터 정도까지 자라!

📍 **리우 카니발**

매년 2월 말에서 3월 초가 되면 세계에서 가장 화려한 축제로 손꼽히는 '리우 카니발'이 열려요. 리우 카니발은 삼바 무용수들이 팀별로 퍼레이드를 펼치는 화려한 삼바 축제인데요. 삼바는 노예로 브라질에 넘어온 흑인들의 춤이 포르투갈 리듬과 합쳐 탄생한 춤과 음악이에요. 매년 우승팀이 되기 위해서 수많은 삼바 무용수들이 리우 카니발만을 바라보면서 열심히 연습하고 있어요. 삼바 축제가 워낙 유명하고 중요한 행사이기 때문에 브라질에는 삼바를 전문적으로 가르치는 학교도 있답니다.

브라질의 수도인 브라질리아가 정치의 중심지라면, 경제와 금융의 중심지는 상파울루예요. 상파울루는 브라질에서 가장 인구가 많고, 리우데자네이루에서도 멀지 않은 곳에 있어요. 리우데자네이루가 열대 기후가 나타나는 것과 달리 상파울루는 온대 기후가 나타나요. 리우데자네이루는 해안에 위치해 있지만 상파울루는 높이 800미터 정도에 있어서 리우데자네이루보다 쾌적한 편이지요. 그래서 사람들이 많이 몰려 살게 되었어요.

 브라질이라고 하면 아마존 밀림만 있는 떠올렸던 친구들도 이제 좀 더 알게 되지 않았냥?

브라질에는 다양한 볼거리와 활기찬 매력이 있는 것 같아!

남아메리카
경제·금융의 중심지인
상파울루 파울리스타 거리

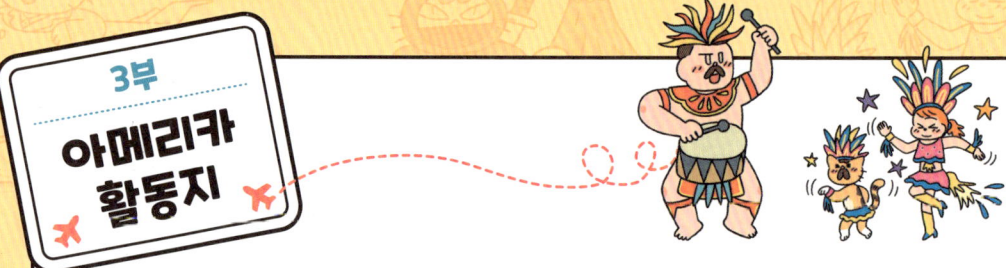

3부
아메리카 활동지

 다음 질문을 읽고 해당하는 나라의 이름과 지도에 표시된 알파벳을 써 보세요. 예) 캐나다, A

1. 아스테크 문명의 중심지였던 고산 지대에 수도가 위치하고 있는 나라는?

2. 적도라는 뜻을 가진 나라이며, 적도에서만 나타나는 독특한 현상을 체험할 수 있는 나라는?

3. 주변 국가들과는 달리 포르투갈어를 사용하며, 매년 삼바 축제가 열리는 나라는?

4. 영어와 프랑스어가 공식 언어이며, 프랑스어를 사용하는 지역이 분리·독립하려는 나라는?

5. 여러 나라에서 온 이민자들이 세운 나라로, 국토 면적과 인구 규모가 모두 세계에서 세 번째로 큰 나라는?

6. 잉카 문명의 중심지였던 쿠스코가 위치해 있고, 바닷가 지역에는 한류로 인해 사막이 형성된 나라는?

7. 남미의 프랑스로 불리기도 했으며, 독특한 춤과 음악인 탱고가 발달한 나라는?

다음 빈칸에 들어갈 알맞은 말을 써 보세요.

1. 중남부 아메리카에서는 유럽 국가의 지배를 받아 ☐☐☐☐어를 사용하는 국가가 가장 많다.
2. 아르헨티나와 브라질의 국경 지역에는 원주민의 언어로 '큰 물'이라는 뜻의 ☐☐☐☐ 폭포가 있다.
3. 남북으로 길게 뻗어 있어서 건조한 사막 기후부터 가장 추운 한대 기후까지 나타나는 나라는 ☐☐이다.
4. 에콰도르의 서쪽에 자리한 섬들로, 독특한 코끼리거북, 펭귄, 이구아나 등이 살고 있는 곳은 ☐☐☐☐☐ 제도이다.
5. 러시아로부터 미국이 사들인 땅으로, 석유와 천연가스가 많이 묻혀 있는 곳은 미국의 ☐☐☐☐ 주이다.

다음 모습을 볼 수 있는 나라의 국기와 수도를 연결해 보세요.

1. ▶   ◯ 수도: 키토
2. ▶   ◯ 수도: 브라질리아
3. ▶   ◯ 수도: 리마
4. ▶   ◯ 수도: 멕시코시티
5. ▶   ◯ 수도: 워싱턴 D.C

4부 아프리카와 오세아니아

아프리카 대륙은 나라별로 다양한 생활 모습과 독특한 매력을 발견할 수 있는 곳이에요. 북아프리카부터 서아프리카, 동아프리카, 남아프리카까지 지역별로 대표적인 나라들을 살펴보면서 아프리카에 대해 좀 더 자세히 알아보도록 해요. 그리고 오세아니아 대륙은 드넓은 태평양에 위치해 있고, 자연환경이 아름다운 나라가 많은 곳이에요. 색다른 매력이 있는 아프리카와 오세아니아 대륙으로 여행을 떠나 볼까요?

이집트

코트디부아르 가나 나이지리아

에티오피아

케냐

탄자니아

남아프리카공화국

피라미드와 스핑크스의 나라, 이집트

 인구 1억 200만 명(2020년) 언어 아랍어
주요 종교 이슬람교

 31일

오늘은 사막을 통과해 흐르는 나일강의 나라, 이집트로 여행을 떠나 볼까?

이집트는 아프리카에서 가장 북동쪽에 위치한 나라로, 이스라엘과 맞닿아 있어요. 지중해와 가깝지만 대부분 아주 건조한 사막 기후가 나타나요. 그래서 사람들이 농사를 짓고 살기에 쉽지 않지만 사막을 통과해 흐르는 나일강이 생명수와 같은 역할을 해 주어요.

이집트 사람들은 나일강을 신이 내린 축복이라고 생각한대요!

이집트를 하늘 위에서 내려다보면 대부분 사막인 것을 쉽게 알 수 있어. 사막 가운데의 가늘고 기다란 녹색 부분은 나일강의 물로 그 주변에 농사를 지었기 때문에 보이는 거란다.

사하라 사막

그런데 사막에서 어떻게 나일강처럼 큰 강이 흐를 수 있을까요?

나일강은 비가 많이 내리는 열대 기후 지역의 물이 모여서 흐르기 때문에 비가 거의 내리지 않는 사막 지역을 통과하더라도 마르지 않고 흐를 수 있지!

나일강의 물은 북쪽으로 흘러가 지중해로 들어가요. 그리고 강물이 바다와 만나는 곳에는 나일강 삼각주가 있지요. 삼각주는 강물에 떠내려온 여러 가지 물질이 바다로 들어갈 때 쌓이면서 만들어진 지형이에요. 특히 나일강의 삼각주는 부채 모양으로 잘 발달되어 있어요. 그래서 고대 그리스인이 나일강의 삼각주를 보고 그리스 문자 델타(Δ)와 비슷하다고 해서 '델타'라고 불렀고, 이후에 삼각주를 영어로 쓸 때 'Delta'라고 적게 되었지요.

나일강 삼각주의 모습

📍 수에즈 운하

지도에서 이집트는 아프리카 대륙이 아시아에 살짝 붙어 있는 모양이에요. 그래서 이 좁은 땅에 배가 다닐 수 있도록 수에즈 운하가 만들어져 있지요. 수에즈 운하가 있기 전까지는 유럽에서 아시아로 가려면 아프리카 대륙을 몇 개월에 걸쳐 돌아가야 했어요. 하지만 1869년에 운하가 건설되면서부터 유럽과 아시아 사이를 오갈 때 지중해와 홍해를 통과해 다닐 수 있게 되었지요.

수에즈 운하

📍 카이로의 모스크

이집트의 수도는 카이로예요. 오랜 역사만큼 다양한 시대의 역사적 건축물들이 많이 남아 있어서 도시의 일부분이 유네스코 세계 문화유산으로 지정되어 있을 정도지요. 대부분 이슬람교를 믿고 있어서 카이로 곳곳에 다양한 이슬람 사원(모스크)을 볼 수 있는데요. 흙벽돌로 만든 게 많다 보니 이 도시가 사막에 있다는 것을 금세 알아차릴 수 있지요.

카이로에서 남서쪽으로 이어져 있는 '기제(기자)'는 피라미드와 스핑크스로 유명한 곳이지. 피라미드는 이집트를 대표하는 건축물로 고대 이집트 왕의 무덤이란다. 그 옆에는 사람의 머리와 사자의 모습을 한 스핑크스가 피라미드를 지키듯 엎드려 있단다.

커피의 고향, 에티오피아

 인구 1억 1,000만 명(2020년) 언어 암하라어, 영어
주요 종교 크리스트교(정교), 이슬람교

 32일

오늘은 커피로 유명한 에티오피아로 여행을 떠나 볼까?

에티오피아는 아프리카 북동부의 아비시니아 고원에 자리한 나라인데요, 그래서 주변의 다른 국가들이 덥고 건조한 것과 달리 여름에도 서늘한 날씨가 나타나는 나라예요. 그래서 수도인 아디스아바바는 높이 2,400미터에 위치해 있는 도시이기 때문에 일 년 내내 서늘한 고산 기후가 나타난답니다.

에티오피아는 커피의 고향이라고 불리는 나라예요. 커피는 남서부 지역인 짐마의 옛 이름 '케파(Kaffa)'에서 따온 이름이라고 해요. 이 지역은 평균 기온이 20~25도(℃), 연 강수량이 1,500~2,000밀리미터 정도라서 커피 재배에 아주 좋은 조건을 갖추고 있지요.

 남수단

옛날 한 목동이 가뭄이 심해지자 염소들을 데리고 풀을 먹이기 위해서 케파 지방까지 오게 되었단다. 커피나무 열매와 나뭇잎을 먹은 염소들이 밤잠을 자지 않고 흥분해 날뛰었지. 이 신기한 열매를 직접 먹어 본 목동이 근처 이슬람교 수도사에게 전하면서 커피가 여러 지역으로 퍼져나갔어.

에리트레아

청나일강

아디스아바바

아비시니아 고원

케파

 커피 콩

우간다

케냐

에티오피아는 공업보다 농업을 중심으로 발달한 나라예요. 주요 수출품이 참깨, 커피, 꽃 등 농작물이 대부분이라 소말리아와 함께 아프리카에서 대표적으로 가난한 나라로 많이 알려져 있지요. 하지만 에티오피아도 최근 들어 변화의 바람이 불고 있다고 해요.

📍 아디스아바바의 아프리카 연합 본부

에티오피아의 수도는 아디스아바바예요. 벨기에의 수도인 브뤼셀에 유럽 여러 나라들이 정치·경제적으로 협력하기 위한 유럽 연합(EU) 본부가 있듯, 아디스아바바에는 아프리카 여러 나라들의 협력을 위한 아프리카 연합(AU) 본부가 있어요. 이곳에서 아프리카 여러 나라들의 경제 발전을 위해 많은 노력을 기울이고 있답니다.

아디스아바바에 위치한 아프리카 연합 본부

에티오피아는 항공 교통 분야도 빠르게 발전하고 있단다. 아디스아바바를 중심으로 아프리카 각 지역과 세계 여러 나라를 연결해 주는 에티오피아 항공이 아프리카에서 가장 대표적인 항공사란다. 우리나라에서 아프리카로 바로 가는 항공편은 인천에서 아디스아바바로 가는 노선이 유일해.

요즘은 에티오피아 항공의 비행기를 이용해 아프리카를 찾는 사람들이 꽤 많다냥!

삼면이 바다로 둘러싸인 우리나라는 다른 나라에 물건을 팔거나 들여올 때 인천항, 부산항 등 국내 항구를 쉽게 떠올릴 수 있지만 에티오피아는 내륙 국가이기 때문에 이웃 나라인 지부티의 항구를 이용해요.

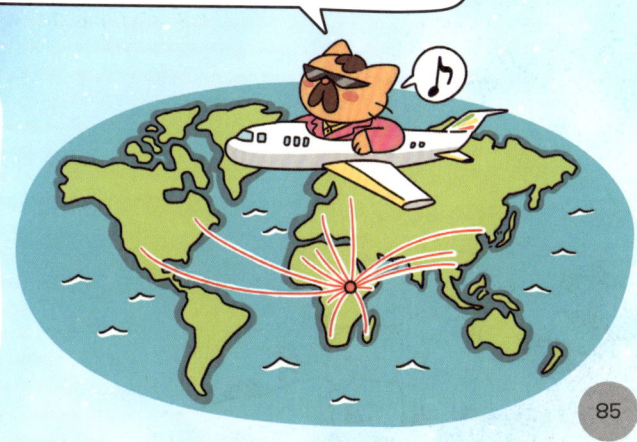

야생 동물의 천국, 케냐와 탄자니아

33일

케냐 인구 5,370만 명(2020년) **언어** 영어, 스와힐리어
주요 종교 크리스트교

탄자니아 인구 5,970만 명(2020년) **언어** 영어, 스와힐리어
주요 종교 이슬람교, 크리스트교

오늘은 야생 동물이 뛰노는 케냐와 탄자니아로 여행을 떠나 볼까?

케냐와 탄자니아는 동아프리카에 나란히 위치해 있는 데다가 적도와 가까워서 일 년 내내 기온이 높은 열대 기후가 나타나요. 열대 기후 중에서도 비가 많이 내리는 '우기'와 비가 적게 내리는 '건기'가 뚜렷한 사바나 기후예요. 특히 아프리카의 사바나 기후 지역은 수많은 야생 동물을 구경하기 위해 많은 관광객들이 찾아온답니다.

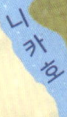

케냐와 탄자니아의 국경에는 야생 동물들을 보호하기 위한 여러 국립공원이 있어. 그중 케냐의 마사이마라 국립공원, 탄자니아의 세렝게티 국립공원이 제일 유명하지. 이 두 국립공원은 연결되어 있어서 누, 버팔로, 얼룩말, 톰슨가젤 등 수많은 초식 동물들이 이동해. 그리고 이 동물들을 사냥하기 위해 사자, 치타, 하이에나 등의 육식 동물들도 함께 이동한단다. 건기가 오면 풀이 마르고 물도 적어지기 때문에 초식 동물은 신선한 풀과 마실 물이 있는 곳을 찾아 이동해. 수백만 마리가 이동하다 보니 먼 거리여도 그들의 발자국 소리는 천둥소리처럼 꽤 크게 들려와. 이러한 이동 과정에서 많은 동물들이 육식 동물 또는 악어의 먹이가 되지만 생존을 위해 풀과 물을 찾으러 이동할 수밖에 없단다.

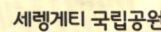
세렝게티 국립공원

동물들의 이동 경로

카카오의 나라, 코트디부아르와 가나

 **코트디부아르** 인구 2,630만 명(2020년) 언어 프랑스어
주요 종교 이슬람교, 크리스트교

 **가나** 인구 3,100만 명(2020년) 언어 영어, 부족 언어
주요 종교 크리스트교

 34일

> 오늘은 카카오를 많이 생산하는 나라, 코트디부아르와 가나로 여행을 떠나 볼까?

코트디부아르와 가나는 서아프리카에 나란히 위치해 있어요. 적도와 가까이 있어 일 년 내내 기온이 높은 열대 기후가 나타나지요. 이러한 기후 조건은 초콜릿 원료인 카카오가 잘 자랄 수 있는 환경이에요. 그래서 코트디부아르와 가나는 세계에서 카카오를 많이 생산하는 나라 1, 2위랍니다.

기니

코트디부아르는 한때 프랑스의 식민 지배를 받아 나라 이름 자체가 프랑스어로 '상아 해안'이라는 뜻을 가졌어요. 상아는 코끼리의 입 옆으로 난 2개의 긴 이빨을 가리키는 말인데요. 서아프리카 중 코끼리가 많이 살던 나라가 코트디부아르였어요. 당시 이곳에서 유럽 여러 나라들이 아프리카의 상아 무역을 많이 했기 때문에 코트디부아르 해안 지역을 가리켜 '상아 해안'이라는 이름을 붙였지요.

라이베리아

곡물 해안

> 카카오는 실제로 보면 작은 럭비공처럼 생겼어. 그 속에 있는 씨앗을 골라내 잘 말린 다음 볶아야 비로소 초콜릿의 원료로 쓸 수 있단다. 그런데 그냥 먹으면 단맛이 없어 엄청 쓴맛이 나. 우유 성분과 설탕을 넣어야 우리가 아는 달달하고 맛있는 초콜릿이 된단다.

📍 야무수크로, 평화의 노트르담 대성당

코트디부아르의 수도는 야무수크로예요. 1990년에 지어진 '평화의 노트르담 대성당'이 유명하지요. 7,000개의 좌석이 있고, 세계에서 가장 큰 성당으로 기네스북에 올라 있어요. 실내 크기는 바티칸의 '성 베드로 대성당'이 가장 크지만 성당 전체의 크기로 볼 때는 '평화의 노트르담 대성당'이 세계에서 가장 크다고 해요.

야무수크로의 평화의 노트르담 대성당 내부 모습

코트디부아르와 가나의 지도를 보면, 각 앞바다에 특이한 이름의 해안이 있어요.

말리
부르키나파소
코트디부아르
가나
부아케
야무수크로
쿠마시
아비장
아크라
상아 해안
황금 해안

📍 가나의 앞바다인 '황금 해안'은 1471년, 포르투갈 선교사들이 도착했을 때 해변에 금가루가 많이 있어서 붙인 이름이라고 해요. 이 때문에 많은 유럽 국가들이 이곳을 지배하기 위해 경쟁을 벌였지요. 결국 1874년에 가나는 영국의 식민 지배를 받게 되었고, 그 영향으로 현재까지 영어를 사용하고 있어요.

코트디부아르는 프랑스의 영향을 받아 남부 지역에는 크리스트교를 믿는 사람들이 대부분이지만, 북부에는 이슬람교를 믿는 사람들이 많았어요. 그래서 정부와 맞서는 반정부 단체가 생겨났지요. 코트디부아르 내부에서 발생하는 전쟁으로 많은 사람들이 피해를 겪기도 했어요.

2006년 독일 월드컵의 본선 진출이 확정되자 당시 코트디부아르의 유명 축구 선수였던 '드록바'가 중계 카메라 앞에서 무릎을 꿇고 "제발 일주일만이라도 전쟁을 멈춰 달라."라고 말하기도 했단다.

2007년에 전쟁을 끝내고 평화적 합의를 이루었지만, 여전히 불안정한 상황 속에서 살아가고 있다냥….

아프리카에서 인구가 가장 많은 나라, 나이지리아

 인구 2억 600만 명(2020년) 언어 영어, 부족 언어
주요 종교 이슬람교, 크리스트교

오늘은 석유와 카카오가 많이 생산되는 나이지리아로 여행을 떠나 볼까?

해안에 자리하고 있는 나이지리아는 인구가 무려 2억 600만 명이에요. 아프리카 나라 중 2위인 1억 1천만 명의 에티오피아보다 2배 가까이 많지요. 나이지리아는 적도에 가까운 나라여서 덥고 비가 많이 내리는 열대 기후가 나타나요. 하지만 북쪽으로 갈수록 사하라 사막에 가까워지면서 비가 적게 내린답니다.

서아프리카 지역에는 비교적 큰 강인 나이저(Niger)강이 있어. 이 강의 이름 때문에 '나이지리아(Nigeria)'라는 나라 이름이 생겼지. 나이지리아의 북쪽에 위치한 '니제르(Niger)'도 마찬가지야.

 강 이름이 같은데 나라 이름은 왜 조금씩 달라졌을까요?

나이지리아는 영국의 지배를 받아 영어식, 니제르는 프랑스의 지배를 받아 프랑스어식 발음을 따른 것이란다.

나이지리아는 북부 지역과 남부 지역이 종교의 차이로 사이가 좋지 않아요. 북부 지역은 하우사족이 이슬람교를 믿고, 남부 지역은 요루바족과 이보족 등이 크리스트교를 믿으며 살아가고 있어요. 북부 지역은 하우사족을 중심으로 강력한 이슬람교의 원칙대로 다스리는 지역이고, 나이지리아 정부와 계속해서 전쟁을 벌이고 있어요. 특히, 북부 지역에는 이슬람교 원리주의를 따르는 무장 단체인 '보코하람'이 있어요. 그들은 납치와 폭탄 테러 등을 일으키고, 이슬람교를 믿지 않는 많은 사람들을 목숨을 앗아 가기도 해요. 여전히 보코하람이 활동 중인 북부 지역에서 많은 사람들이 희생되고 있는 안타까운 상황이에요.

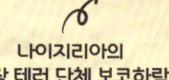

나이지리아의 무장 테러 단체 보코하람

나이지리아가 가장 많이 수출하는 것은 석유예요. 나이저강이 바다와 만나는 곳에 만들어진 삼각주 지역에서 석유가 많이 생산돼요. 하지만 다른 산업이 잘 발달되어 있지 않아서 수출의 80퍼센트 정도가 석유이지요. 석유가 많이 생산되는 나라 중에서 가난한 나라는 많지 않지만 주로 외국 회사들에 의해 석유가 개발되다 보니 대부분의 이익이 외국으로 빠져나가요. 그래서 나이지리아는 1인당 소득 수준이 우리나라의 1/16 정도로 낮은 상황이에요.

석유 생산 시설

나이지리아의 수도는 중앙에 위치한 아부자야. 규모가 더 큰 경제의 중심지는 바닷가에 위치한 라고스란다. 1991년까지는 라고스가 수도였는데, 크리스트교를 주로 믿는 요루바족이 살아가는 지역에 있는 것 때문에 다른 종교를 믿는 부족들의 반대가 심해졌지. 그래서 1991년부터 내륙의 아부자로 수도를 옮겼단다. 남쪽과 북쪽이 뚜렷하게 다른 나이지리아의 가운데 지역으로 수도를 옮긴 만큼 양쪽 지역의 화합을 위한 역할을 잘 해내길 응원해 볼까?

아프리카의 남쪽 끝에 위치한 나라, 남아프리카공화국

 인구 5,900만 명(2020년)   주요 종교 크리스트교
언어 영어, 아프리칸스어, 줄루어 등

36일

오늘은 아프리카의 다양한 모습을 가진 나라, 남아프리카공화국으로 여행을 떠나 볼까?

아프리카라고 하면 보통 매우 덥거나 건조한 날씨를 떠올리지만 남아프리카공화국은 아프리카의 가장 남쪽에 위치한 나라예요. 그래서 해안 지역에서는 지중해성 기후와 서안 해양성 기후도 나타나요.

전체적으로 사람들이 살아가기 좋은 날씨를 가진 지역이 많은 나라이지요.

남아프리카공화국은 영국의 지배를 받았기 때문에 영어가 공용어로 지정되어 있지만 일부 대도시 지역에서만 쓰는 정도예요. 여러 지역에서 다양한 아프리카 부족 언어가 사용되고 있어요. 또 영국의 지배 이전에는 네덜란드의 영향을 받아서 남아프리카공화국의 서부 지역은 아프리칸스어를 주로 말했어요. 아프리칸스어는 이 지역 사람들이 네덜란드어를 상당히 간단한 형태로 사용하고 있는 독특한 언어이지요.

나미비아

남아프리

★케이프타운

다양한 부족 언어가 있다냥!

남아프리카공화국의 자원은 다른 아프리카 나라에 비해 풍부하다 보니 경제가 꽤 발달되었어요. 특히 금, 다이아몬드, 석탄, 철광석 같은 자원들이 많이 생산되기 때문에 1인당 소득 수준이 아프리카 나라 중에서는 높은 편이지요. 하지만 전체 인구의 10퍼센트 정도인 백인에 한해 경제적인 수준이 높은 것이지 나머지 90퍼센트의 흑인 중에서는 경제적인 어려움을 많이 겪고 있다고 해요. 그래서 남아프리카공화국은 잘 사는 사람과 못 사는 사람의 경제적 차이를 뜻하는 빈부 격차가 매우 심한 나라예요.

마다가스카르

남아프리카공화국의 수도는 어디일까? 남아프리카공화국은 특이하게도 수도의 기능이라고 할 수 있는 입법, 사법, 행정의 기능이 한 도시에 있지 않고 세 개의 도시에 나뉘어져 있단다. 우리나라의 국회에 해당되는 입법 기능은 케이프타운, 우리나라의 대법원에 해당되는 사법 기능은 블룸폰테인, 우리나라의 청와대와 정부에 해당되는 행정 기능은 프리토리아에 위치해 있어. 사실 대부분의 나라 수도에는 이 세 가지 기능이 함께 위치해 있는 경우가 많아서 수도가 확실하지만, 남아프리카공화국에서 굳이 수도를 하나 꼽는다면 행정 기능을 담당하는 프리토리아라고 할 수 있지.

케이프타운

남아프리카공화국의 여러 도시 중 가장 유명한 곳을 꼽는다면 남서쪽 끝에 위치한 케이프타운이에요. 케이프타운은 희망봉으로 유명해졌지요. 희망봉은 1488년에 포르투갈의 탐험가 바르톨로메우 디아스가 발견한 것으로 알려져 있고, 이후에 바스쿠 다 가마가 이곳을 통과해 인도로 가는 항로를 개척했어요. 당시 아시아와 바닷길로 무역을 하고 싶었던 유럽 사람들에게는 매우 의미 있는 장소라고 할 수 있지요.
케이프타운의 유명한 관광지로는 테이블 마운틴이 있어요. 마치 테이블처럼 높고 평평하다고 해서 붙여진 이름인데요. 이곳에 올라 케이프타운 시내와 바다의 모습을 내려다보면 정말 아름다워요.

테이블 마운틴

가장 작은 대륙, 오스트레일리아

 인구 2,500만 명(2020년) 언어 영어
주요 종교 크리스트교

오늘은 귀여운 캥거루를 볼 수 있는 나라, 오스트레일리아로 여행을 떠나 볼까?

오스트레일리아는 한반도 크기의 약 35배 정도 되는 큰 나라예요. 그렇지만 인구는 우리나라의 절반 수준인 데다가 전 세계에서 몽골 다음으로 인구 밀도가 낮은 나라이지요. 오스트레일리아는 내륙 지역이 황량하고 건조한 지역이라 사람이 살기에는 어렵기 때문이에요. 그래서 대부분 바닷가 지역의 시드니, 멜버른, 브리즈번 같은 도시 주변으로 모여 살고 있어요.

깁슨 사막

아빠! 전 오스트레일리아를 오스트리아와 종종 헷갈려요.

그레이트빅토리아 사막

퍼스 •

 오스트리아는 독일의 남동부에 위치한 작은 나라란다. 이름이 비슷하기는 하지만 오스트레일리아와는 완전히 멀리 떨어져 있지. 또, 오스트레일리아가 바다로 둘러싸여 있으니 섬나라로 생각하는 사람들도 많아. 예전에 이 땅의 존재를 몰랐던 유럽 사람들이 섬과 대륙의 구분 기준을 정할 때 북극 근처에 위치한 큰 섬인 그린란드보다 크면 대륙으로 정한다고 했지. 그 후 그린란드보다 3배 정도 큰 오스트레일리아를 발견하고 나서는 오스트레일리아 대륙으로 알려지게 되었단다.

오스트레일리아의 수도로 많은 사람들이 시드니나 멜버른을 떠올려요. 한때 영국의 지배를 받았던 오스트레일리아는 1901년에 독립하면서 멜버른이 수도의 역할을 했던 적이 있어요. 하지만 오스트레일리아의 대표적인 두 도시인 시드니와 멜버른 사람들이 수도를 갖고 싸우자 두 도시의 가운데에 캔버라라는 새로운 수도를 만들게 되었어요. 1927년에 오스트레일리아의 수도는 멜버른에서 캔버라로 수도를 옮기게 되었답니다.

📍 시드니의 오페라 하우스, 하버 브릿지

오스트레일리아의 대표적인 항구 도시는 시드니예요. 그리고 그곳에는 정말 유명한 오페라 하우스가 있지요. 2007년, 오페라 하우스는 유네스코 세계 문화유산에 지정되었고 시드니뿐만 아니라 오스트레일리아 전체를 상징하게 되었어요. 그 옆에는 하버 브릿지가 있는데요. 실제로 다리의 아치형 꼭대기까지 올라가 볼 수 있어요. 이 꼭대기 위에서는 바다와 어우러진 시드니의 아름다운 경치를 한눈에 감상할 수 있답니다.

오스트레일리아는 다른 대륙과 꽤 떨어져 있는 대륙이라서 이곳에서만 볼 수 있는 독특한 생물들이 꽤 있어요. 대표적으로 코알라와 캥거루가 있지요. 잠을 많이 자는 것으로 알려진 코알라는 하루에 20시간 정도를 자고 나머지 시간에는 유칼립투스 잎을 먹는다고 해요. 이 잎에는 술의 주요 성분인 알코올이 들어 있어서 코알라들이 더 잠을 많이 자는 거라고 해요. 캥거루는 새끼가 태어나자마자 엄마 캥거루의 배에 달린 주머니로 들어가 젖을 먹고 자라요.

캥거루가 귀엽고 사랑스럽게 생겼지만 꼬리나 다리로 공격하면 뼈가 부러질 정도로 심하게 다칠 수 있으니 길에서 만나면 조용히 피해야 한다냥!

유칼립투스 잎

북섬엔 화산, 남섬엔 빙하가 있는 나라, 뉴질랜드

 인구 480만 명(2020년) 언어 영어
주요 종교 크리스트교

38일

오늘은 남태평양에 위치한 섬나라, 뉴질랜드로 여행을 떠나 볼까?

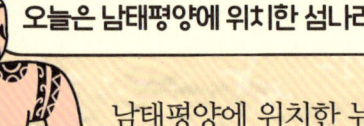

남태평양에 위치한 뉴질랜드는 남섬과 북섬으로 이루어진 섬나라예요. 북섬에는 화산인 루아페후산이 있어서 화산 활동이 일어날 수 있어요. 땅속이 뜨겁다 보니 온천도 발달해 있어요. 남섬은 북섬과는 다르게 3,000미터가 넘는 남알프스산맥이 위치해 있어서 산꼭대기에서 빙하도 볼 수 있어요. 산 모습이 유럽의 알프스산맥을 닮았다고 해서 '남알프스'라고 지었다고 해요.

뉴질랜드는 네덜란드인 항해가 아벌 타스만(Abel Tasman)이 뉴질랜드를 처음 발견한 다음, 유럽에 알려졌어요. 네덜란드의 제일란트(Zeeland)주에서 이름을 가져와 '새로운 제일란트'라는 의미로 'Nova Zeelandia'라고 이름을 붙였지요. 이후 1769년에 영국의 탐험가 제임스 쿡(James Cook)이 뉴질랜드 해안을 탐사한 다음에서야 섬의 이름을 영국식인 '뉴질랜드(New Zealand)'로 고쳐 불렀다고 해요.

피오르랜드 국립공원

남알프스산맥

뉴(New) 질랜드!

📍 마오리족

뉴질랜드의 공식 언어는 영어와 원주민의 언어인 마오리어예요. 영국의 지배를 받았기 때문에 대다수 사람들은 영어를 사용하지요. 마오리족과의 갈등을 해결하려고 마오리족에게 선거에 참여할 수 있도록 했고, 마오리족의 언어인 마오리어를 공식 언어로 지정해서 대부분의 간판이나 문서에 영어와 마오리어가 함께 표시되도록 만들었지요. 마오리족의 전통 춤으로 눈을 크게 뜨고 혀를 내밀며 용감함을 보여 주는 '하카'가 있어요. 이 춤이 워낙 유명하다 보니 스포츠 경기나 국가 행사에서 하카 춤을 볼 때가 많답니다.

하카 춤

뉴질랜드의 최대 도시인 오클랜드의 인구는 170만 명 정도야. 우리나라의 대전광역시보다 20만 명 정도 많은 수준이지. 우리나라처럼 인구가 1,000만 명에 가까운 대도시에 사는 사람들이 봤을 때는 크지 않은 도시지만, 인구가 480만 명 정도인 뉴질랜드에서는 전체 인구의 1/3 정도가 몰려 있는 매우 큰 도시란다.

오클랜드 — 전체 인구의 1/3

원래는 오클랜드가 수도였다가 수도가 너무 북쪽 끝에 치우쳐 있어서 중앙으로 수도를 옮겨야 한다는 의견이 많아 웰링턴으로 옮기게 되었다냥!

뉴질랜드는 서안 해양성 기후 지역이라 서늘하고 비가 자주 내리는 편이에요. 그래서 풀이 잘 자라기 때문에 양이나 소를 키우기 좋은 환경이지요. 이러한 환경 덕분에 동물에게서 얻은 고기, 젖, 털, 가죽 등으로 축산업이 발달할 수 있었어요. 특히 뉴질랜드는 양과 소를 많이 키우고 있는데요. 한반도보다 조금 더 큰 땅덩어리를 가졌지만 전체 인구는 서울의 절반 수준인 480만 명 정도라서 키우는 양의 숫자가 사람 숫자보다도 더 많은 나라이지요.

사람보다 양이 더 많다냥!

천국 같은 경치를 가진 화산섬, 미국 하와이

 하와이 인구 140만 명(2020년) 언어 영어, 하와이어
주요 종교 크리스트교

39일

오늘은 태평양 한가운데 있는 화산섬, 하와이로 여행을 떠나 볼까?

하와이는 넓은 태평양 바다 한가운데 위치한 화산섬이에요. 일년 내내 쾌적한 여름 날씨라서 우리나라뿐만 아니라 중국, 일본 사람들에게 인기가 많은 신혼여행지 중 하나이지요.

카와이키니산
카우아이섬

하와이는 원래 원주민들이 살던 섬이었는데, 1959년에 미국이 점령해 미국의 마지막 주인 50번째 주가 되었다냥!

📍 하와이는 크고 작은 여러 섬들로 구성되어 있는데요. 그중 남동쪽에 위치한 가장 큰 섬의 이름이 하와이섬이라서 '하와이'로 불리게 되었지요.
가장 잘 알려진 곳은 큰 도시인 호놀룰루가 위치한 오아후섬이에요. 그래서 흔히 하와이라고 하면 떠올리는 오아후섬을 하와이섬과 헷갈리는 것을 피하게 위해 하와이섬을 빅 아일랜드(Big Ireland)로 부르기도 하지요.

빅 아일랜드에는 2018년 5월에 발생한 화산 활동으로 용암이 흘러나와 수 백 채의 주택에 피해를 입힌 킬라우에아산이 있어.

하와이는 1990년대 이후부터 우리나라에서 신혼여행지로 인기가 높은 편이에요. 그런데 하와이로 여행을 다녀오면 시간에 대해 아리송한 느낌이 들어요. 예를 들어 우리나라 인천공항에서 5월 5일 밤 9시에 비행기를 타서 8시간 정도 날아가 호놀룰루 공항에 도착해 보면 5월 5일 오전 10시 정도인 것이지요. 결국 같은 5월 5일을 두 번 보내는 셈이에요. 왜 그럴까요?

하와이는 우리나라보다 19시간이 느린 시간대를 사용하고 있어요. 그래서 우리나라가 5월 5일 밤 9시일 때 하와이는 5월 5일 새벽 2시예요. 그러니 8시간을 비행해서 날아가더라도 하와이에 도착할 때는 5월 5일 오전 10시쯤인 거죠. 반대로 하와이에서 5월 6일 낮 12시 비행기를 타고 10시간 정도 날아가 인천공항에 도착하면 5월 7일 오후 5시 정도가 될 거예요. 이 모든 것이 우리나라와 하와이 사이에 19시간이라는 시간 차이가 나서 겪게 되는 일이랍니다.

미국 하와이

카알라산
오아후섬
호놀룰루
마우이섬
할레아칼라산
하와이섬
마우나로아산
킬라우에아산
태평양

📍 다이아몬드 헤드

하와이에서 유명한 관광지는 호놀룰루의 바닷가에 위치한 와이키키 해변과 다이아몬드 헤드로 꼽을 수 있어요. 특히 다이아몬드 헤드는 화산 활동 때문에 가운데 부분이 움푹 주저앉은 형태의 화산이에요. 이곳 꼭대기에서 멋진 바다와 와이키키 해변, 호놀룰루의 모습을 감상할 수 있어서 인기가 높답니다.

하와이는 분명 미국에 속해 있는 하나의 지역이지만 백인은 25퍼센트 정도이며, 약 40퍼센트 정도는 아시아인들이 차지하고 있어요. 특히 일본, 필리핀, 중국인의 비율이 높아요. 19세기부터 하와이에서 사탕수수, 파인애플, 커피 등을 재배하는 플랜테이션 농업이 많이 이루어지다 보니 한국, 일본, 중국 등의 아시아 지역에서 많은 사람들이 노동자로 건너와 일했다고 해요.

얼음의 땅, 남극

40일

오늘은 세계에서 가장 추운 땅, 남극으로 여행을 떠나 볼까?

지구의 가장 남쪽에 자리한 남극 대륙은 일 년 내내 가장 추운 한대 기후가 나타나는 곳이에요. 그렇다면 북극과 남극 중에 어느 곳이 더 추울까요? 북극 주변에서 최저 기온으로는 -74도(℃), 남극 대륙에서는 -89.2도(℃)를 기록했다고 하니 굳이 따지자면 남극 대륙이 조금 더 춥다고 할 수 있어요.

세종 과학 기지

북극은 대륙이라고 부르지 않지만 남극은 대륙이라고 부른단다. 북극은 바다로 이루어져 있고 그 위에 얼음으로 뒤덮여 있는 곳이지만, 남극은 땅덩어리로 이루어져 있고 그 위에 얼음이 뒤덮여 있거든. 남극 대륙의 면적은 중국의 1.5배 정도이고, 러시아보다는 작은 정도야. 가장 작은 대륙이라고 할 수 있는 오스트레일리아보다는 2배 정도 크다고 할 수 있지. 남극이라고 하면 눈이 엄청 많이 올 것 같지만, 실제로는 눈 오는 양이 그렇게 많지 않아. 그런데도 남극 지역이 눈과 얼음으로 뒤덮인 이유는 너무 춥기 때문에 오랜 기간에 걸쳐서 내린 눈이 녹지 않고 쌓여 있기 때문이란다.

남극

태평양

북극 / 얼음

남극(대륙) / 얼음 / 땅

얼음이 뒤덮인 남극 대륙

📍 펭귄

남극의 대표적인 동물은 바로 펭귄이에요. 뒤뚱뒤뚱 느리게 걷는 모습이 귀엽지만 바닷속에서는 재빠르게 헤엄쳐 먹이를 사냥하지요. 그리고 펭귄이 꼭 남극에서만 사는 동물은 아니에요. 남아프리카공화국, 칠레, 아르헨티나, 오스트레일리아 등 남극 대륙에서 가까운 일부 국가에서도 펭귄을 볼 수 있답니다.

남극 펭귄의 허들링 모습

너무 추운 남극 대륙에서 펭귄들은 어떻게 살아갈 수 있을까요?

펭귄의 피부는 털이 매우 촘촘하게 나 있어. 그리고 부리로 자신의 몸에서 나오는 기름을 털에다가 계속 바르기 때문에 추위를 좀 더 잘 막을 수 있지. 또 엄청 추운 시기에는 펭귄들이 둥글게 무리 지어 모이는 '허들링'을 한단다. 허들링은 바깥쪽에 있는 펭귄들이 차가운 바람을 막아 주다가 시간이 좀 지나면 안으로 파고 들어가고, 안에 있던 펭귄들이 바깥으로 나와서 또 차가운 바람을 막아 주는 식으로 돌아가면서 서로를 보호해 주는 방식이야. 이를 통해 펭귄들이 추운 남극에서 함께 추위를 이겨 내며 살아갈 수 있지.

남극 대륙에는 여러 가지 자원들이 많이 묻혀 있다고 해요. 그래서 여러 나라에서 이 남극 대륙을 서로 차지하고 싶었지요. 남극 대륙에서 가까운 오스트레일리아, 뉴질랜드, 칠레, 아르헨티나뿐만 아니라 영국, 노르웨이, 프랑스도 남극 대륙의 일부를 자기네 영토라고 주장하고 있어요. 하지만 1961년에 남극 조약을 맺어 남극 대륙에 대해 과학적인 연구 목적 같은 평화적인 이용만 가능하며, 여러 국가의 영토 주장을 허용하지 않기로 했어요. 그래서 현재 남극 대륙에는 여러 나라의 과학 연구 기지가 위치해 있는데요. 우리나라도 세종 과학 기지와 장보고 과학 기지를 통해 남극 대륙의 기후와 생물, 자원 등에 대해 연구해 나가고 있답니다.

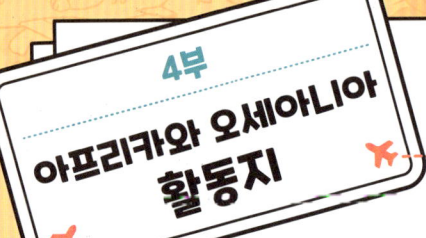

 다음 질문을 읽고 해당하는 나라(지역)의 이름과 지도에 표시된 알파벳을 써 보세요. (예) 이집트, A

1. 일 년 내내 얼음으로 덮여 있으며, 평화적이고 과학적인 연구 목적으로만 사용하도록 허용된 지역은?

2. 많은 배들이 통과하는 운하가 발달되어 있으며, 사막 기후 지역이지만 나일강 삼각주에서 농업이 이루어지고 있는 나라는?

3. 아프리카에서 인구가 가장 많고, 북부의 이슬람교를 믿는 민족과 남부의 크리스트교를 믿는 민족끼리 전쟁이 있었던 나라는?

4. 커피의 고향으로 알려져 있으며, 아프리카 연합의 본부가 위치한 나라는?

5. 세계에서 가장 작은 대륙에 위치해 있으며, 코알라와 캥거루 같은 독특한 생물들이 살아가는 나라는?

6. 많은 야생동물이 뛰노는 국립공원이 있으며, 킬리만자로산이 국경 지대에 위치한 두 나라는?

7. 원주민인 마오리족의 전통 춤 '하카'가 유명하며, 영어와 마오리어가 공식 언어로 지정된 나라는?

 다음 질문을 읽고 정답을 골라 보세요.

1. 아프리카의 코트디부아르의 나라 이름은 무슨 뜻일까요?
    ① 후추 해안 ② 황금 해안 ③ 상아 해안 ④ 곡물 해안

2. 서아프리카의 나이지리아와 니제르라는 나라 이름과 관련이 깊은 강은 무슨 강일까요?
    ① 나일 강 ② 나이저 강 ③ 콩고 강 ④ 오렌지 강

3. 다음 중 남아프리카 공화국에서 수도의 기능(입법, 사법, 행정)이 위치하지 않은 도시는 어디일까요?
    ① 케이프타운 ② 블룸폰테인 ③ 요하네스버그 ④ 프리토리아

4. 케냐와 탄자니아의 국경에 위치한 아프리카에서 가장 높은 산의 이름은 무엇일까요?
    ① 몽블랑산 ② 아콩카과산 ③ 디날리산 ④ 킬리만자로산

5. 다음 나라 중 그 나라 사람들이 많이 믿는 종교(주요 종교)가 다른 곳은 어디일까요?
    ① 이집트 ② 케냐 ③ 남아프리카공화국 ④ 뉴질랜드

 다음 그림과 설명을 보고 빈칸에 들어갈 말을 써 보세요.

하와이에 있으며, 가운데가 움푹한 화산
☐☐☐☐ 헤드

탄자니아의 대표적인 야생 동물 국립공원
☐☐☐☐ 국립공원

남아프리카공화국 케이프타운에 위치한 탁자 모양의 산
☐☐☐ 마운틴

지중해와 홍해를 연결하는 이집트의 운하
☐☐☐ 운하

2007년 세계 문화유산으로 지정된 시드니의 대표적인 건축물
☐☐☐ 하우스

'아프리카 연합 본부'가 위치한 에티오피아의 수도
아디스 ☐☐☐

찾아보기

ㄱ
가나 88
간척지 41
갈라파고스 제도 68
개선문 39
거대 예수상 76
게르 15
고산 기후 66, 68
고원 84
곤돌라 47
그랜드 캐니언 62
그리니치 천문대 37
그리스 50
그린델발트 눈 축제 44
금문교 62

ㄴ
나담 축제 15
나이저강 90
나이지리아 90
나일강 82
나일강 삼각주 83
남극 100
남아프리카공화국 92
남알프스 96
네덜란드 40
네팔 22
뉴델리 20
뉴올리언스 61
뉴욕 61
뉴질랜드 96
니제르 90

ㄷ
단풍나무 58
도쿄 11
독일 42
동방명주 13
디트로이트 61

ㄹ
라고스 91
라데팡스 39
라스베이거스 63
러시아 52
레이캬비크 35
로스앤젤레스 63
루브르 박물관 38
리우 카니발 77
리우데자네이루 76

ㅁ
마드리드 49
마사이마라 국립공원 86
마야 66
마오리족 97
마추픽추 70
마카오 13
마터호른 44
만년설 73, 87
망통 39
메카 25
멕시코 66
멕시코시티 66
멜버른 95

ㅁ
모스크 25
몽골 14
뮌헨 43
미국 60, 62, 64, 98

ㅂ
바르셀로나 49
백야 현상 35, 53
베네치아 47
베를린 장벽 42
베링 해협 64
보스포루스 해협 28
보코하람 91
볼리우드 21
부르즈 할리파 26
부에노스아이레스 75
북아일랜드 36
브라질 76
브라질리아 77
블룸폰테인 93
빠에야 49

ㅅ
사그라다 파밀리아 성당 49
사우디아라비아 24
산토리니 50
산티아고 73
삼바 77
삿포로 11
상아 해안 89
상트페테르부르크 52

상파울루 77
상하이 13
샌프란시스코 62
성 바실리 대성당 52
성 소피아 성당 29
세렝게티 국립공원 86
세비야 대성당 48
세종 과학 기지 101
센느강 39
셰르파 23
소칼로 광장 67
송끄란 축제 17
수에즈 운하 83
술탄 아흐메드 모스크 29
스위스 44
스코틀랜드 36
스핑크스 83
시드니 95
시베리아 52
시에스타 48
시차 99
싱가포르 18

ㅇ
아디스아바바 85
아랍에미리트 26
아르헨티나 74
아메리카 원주민 60
아비시니아 고원 84
아소산 11
아이슬란드 34
아즈텍 문명 66

아콩카과산 73
아크로폴리스 50
아타카마 사막 73
아테네 50
아프리카 연합 85
악샤르담 사원 21
알래스카 64
암스테르담 41
앙카라 28
앵커리지 65
얼음의 땅 34
에베레스트산 23
에스키모 65
에스파냐 48
에콰도르 68
에트나산 47
에티오피아 84
영국 36
오스트레일리아 94
오아후섬 98
오이먀콘 52
오클랜드 97
오타와 59
오페라 하우스 95
와이키키 99
왓 프라깨우 사원 17
울란바토르 15
워싱턴 D.C. 61
웨일스 36
이구아수 폭포 75
이누이트 65
이스탄불 28

이슬람교 25
이집트 82
이탈리아 46
인도 20
인디언 60
일본 10
잉글랜드 36

ㅈ
자금성 13
장보고 과학 기지 101
적도 기념탑 69
정교 51
중계 무역 19
중국 12
지중해성 기후 46

ㅊ
초밥 10
취리히 45
칠레 72
칭기즈칸 14

ㅋ
카오팟 16
카카오 88
카탈루냐 49
카트만두 22
카파도키아 29
캐나다 58
캔버라 95
캥거루 95

커피 84
케냐 86
케이프타운 93
코린트 운하 51
코알라 95
코트디부아르 88
쾨켄호프 꽃 축제 40
쿠스코 70
퀘벡 59
키토 68
킬라우에아산 98
킬리만자로산 87

ㅌ
타워 브릿지 37
타지마할 20
탄자니아 86
태국 16
탱고 75
터키 28
테이블 마운틴 93
템스강 37
토론토 59
트레비 분수 46

ㅍ
파르테논 신전 50
파리 38
파묵칼레 29
팜 주메이라 27
페루 70
페루 한류 71

펭귄 101
평화의 노트르담 대성당 89
포트투갈어 76
풍차 41
프랑스 38
프랑크푸르트 43
프리토리아 93
피라미드 83
피오르 72

ㅎ
하와이 98
하카 97
할리우드 63
함부르크 43
햄버거 43
허들링 101
호놀룰루 98
혼슈 10
홋카이도 11
화교 18
화산섬 34
황금 해안 89
히말라야산맥 22
힌두교 21

활동지 정답

30~31

❶ 사우디아라비아, B
❷ 싱가포르, G
❸ 네팔, E
❹ 중국, I
❺ 아랍에미리트, C
❻ 인도, D
❼ 태국, F

1 - ④
2 - ③
3 - ③
4 - ③

54~55

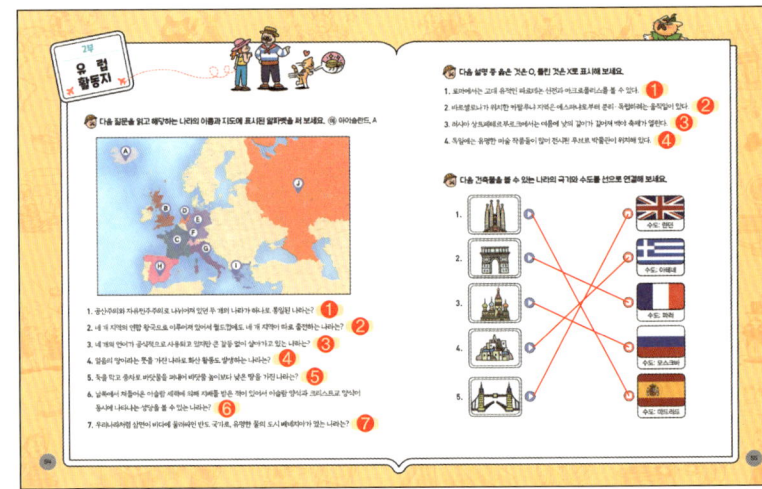

❶ 독일, E
❷ 영국, B
❸ 스위스, F
❹ 아이슬란드, A
❺ 네덜란드, D
❻ 에스파냐, H
❼ 이탈리아, G

❶ X (그리스, 아테네)
❷ O
❸ O
❹ X (프랑스, 파리)

78~79

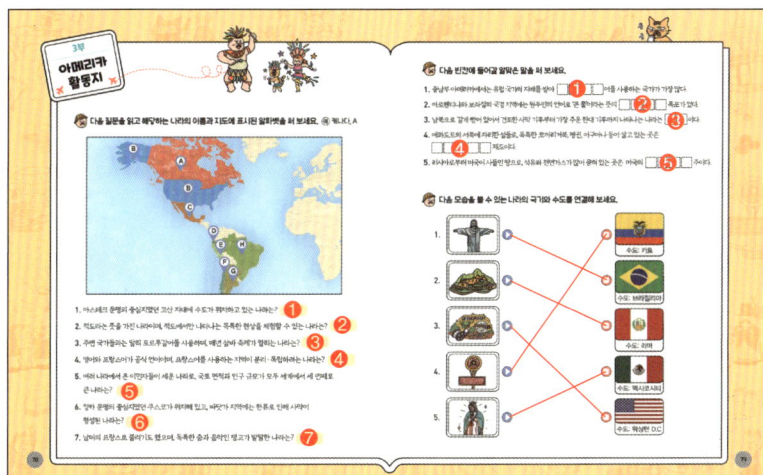

❶ 멕시코, C
❷ 에콰도르, D
❸ 브라질, H
❹ 캐나다, A
❺ 미국, B
❻ 페루, E
❼ 아르헨티나, G

❶ 에스파냐
❷ 이구아수
❸ 칠레
❹ 갈라파고스
❺ 알래스카

102~103

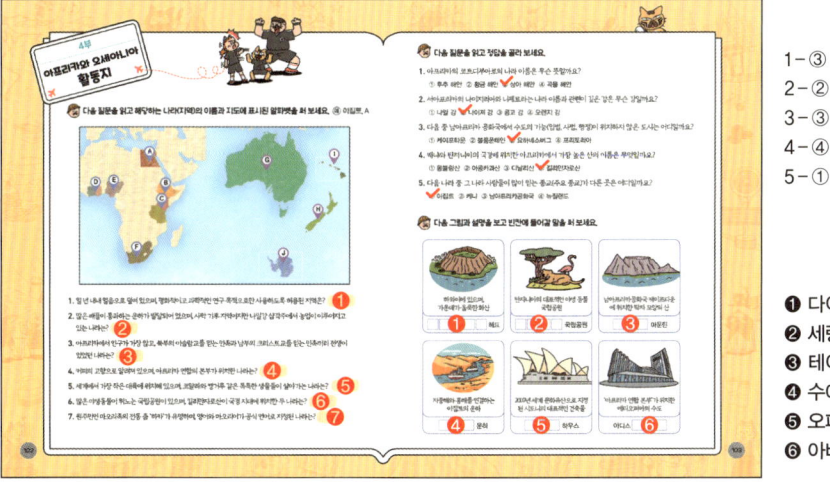

❶ 남극, J
❷ 이집트, A
❸ 나이지리아, E
❹ 에티오피아, B
❺ 오스트레일리아, G
❻ 케냐, 탄자니아, C
❼ 뉴질랜드, H

1 - ③
2 - ②
3 - ③
4 - ④
5 - ①

❶ 다이아몬드
❷ 세렝게티
❸ 테이블
❹ 수에즈
❺ 오페라
❻ 아바바

107

2021년 4월 21일 1판 1쇄 인쇄
2021년 4월 28일 1판 1쇄 발행

글 민병권
그림 유영근
지도 일러스트 이란희

발행인 황민호
콘텐츠3사업본부장 석인수
책임편집 박보영
디자인 Dgem

발행처 대원씨아이(주) www.dwci.co.kr
주소 서울시 용산구 한강대로 15길 9-12
전화 02-2071-2152(편집) 02-2071-2066(영업)
팩스 02-794-7771
등록번호 1992년 5월 11일 등록 제3-563호

ISBN 979-11-362-6411-4 74980
　　　979-11-362-6094-9 (세트)

ⓒ 민병권/대원씨아이

※책값은 뒤표지에 있습니다.
※이 책은 저작권법에 따라 보호받는 저작물이므로 무단전재와 복제를 금합니다.
※잘못된 책은 구입하신 곳에서 교환해 드립니다.